# WOHN-AMBIENTE

die besten Ideen zum Selbermachen

# Inhaltsverzeichnis




AutorInnen:
Susanne Böhnlein (S. 17)
Tamara Franke (S. 85)
Monika Gänsler (S. 9, 83, 84)
Gisela Heim (S. 36, 37, 38, 39, 55, 56)
Monika und Nicole Helbig (S. 8, 25, 27, 45, 53
Inge Hereth (S. 76/77, 78, 80)
Andrea Hochstrat (S. 5, 82)
Sieglinde Holl (S. 6, 13, 42, 43, 61)
Susanne M. Jakubeit (S. 31, 32, 33)
Sabine Kapeller, Ruth Burgos, Lena Richter (S. 18/19, 20, 26, 50, 65)
Silke Kobold (S. 51)
Lio Kulan/Ute Winkler (S. 23, 34/35, 48/49, 66/67, 73)
Ingrid Leikam (S. 52)
Mayte Lopez (S. 29, 71)
Catherine Massey/Shantirup
Kosmin/Christine Pfahler (S. 7, 12)
Kornelia Milan (S. 28)
Pia Pedevilla (S. 21, 22, 40/41, 46, 47, 58, 59)
Brigitte Pohle (S. 57)
Gudrun Schmitt/Ute Iparraguirre
De las Casas (S. 10/11, 15, 16, 60, 87)
Martina Schröder/Marion Vogel (S. 63, 69, 86)
Armin Täubner (S. 79, 81)
Inge Walz (S. 75)
Ingrid Wurst (S. 55)

Fotos: frechverlag GmbH, 70499 Stuttgart; Fotostudio Ullrich & Co., Renningen; S. 18/19, 20, 26, 50, 65: conAction, Frank Busch, Stuttgart

Projekt-Management: Claudia Mack
Satz und Layout: Elvira Müller





| Auflage: | 5. | 4. | 3. | 2. | 1. | Letzte Zahlen |
|---|---|---|---|---|---|---|
| Jahr: | 2007 | 2006 | 2005 | 2004 | 2003 | maßgebend |

ISBN 3-7724-3137-2 · Best.-Nr. 3137





frechverlag GmbH, 70499 Stuttgart
Druck: frechdruck GmbH, 70499 Stuttgart

*Sie suchen individuelle Ideen für Ihr Zuhause oder geschmackvolle Geschenkideen? Mit den in diesem Buch gezeigten Vorschlägen in den verschiedensten Techniken kein Problem! Ob für den Eingangsbereich, Wohn- und Esszimmer, Küche, Schlaf- und Kinderzimmer – hier finden Sie tolle Ideen, die dank ausführlicher Anleitungen und genauer Vorlagen ganz einfach nachzumachen sind. Ob Sie nur kleine, individuelle Akzente setzen oder einem gesamten Raum ein neues Gesicht verleihen möchten – individuelles Wohnambiente zum Selbermachen macht Spaß und wird Sie sowie Ihre Besucher begeistern!*

# FLUR UND EINGANGSBEREICH

*Der erste Eindruck ist entscheidend – dies gilt auch für den Eingangsbereich Ihres Zuhauses. Ob mit einem ausgefallenen Hausnummernschild, einem schönen Türkranz oder einem individuellen Türschild, mit liebevollen Details signalisieren Sie Ihren Gästen „Ihr seid herzlich willkommen!“. Und wenn sich dann im Flur ein individuelles Ambiente fortsetzt, fühlen sich Gäste und Bewohner gleichermaßen wohl.*

## HERZLICH WILLKOMMEN!

Orientieren Sie sich an der Anleitung und den weiteren Materialangaben auf Seite 91 und 92. Schmirgeln Sie die Vorder- und Rückseite des Holzes gründlich ab. Danach die Kanten schmirgeln. An einem Ende flachen Sie den Rundstab ca. 3 cm ab um den Stern dann daran anzuleimen. Dazu sägen Sie die Kopfseite des Stabes ca. 2 cm tief ein und entfernen dann vorsichtig die eine Hälfte des geteilten Stabes. Streichen Sie etwas Holzleim auf die abgeflachte Stelle und nageln Sie dann das Motiv an der markierten Stelle an den Stab.
Grundieren Sie die Sterne mit verdünntem, weißem Acryllack. Ist der Lack trocken, können Sie die Konturen übertragen. Bemalen Sie die Sterne und zeichnen Sie mit dem Lackstift vorsichtig die Konturen und die Schriftzüge nach. Abschließend versiegeln Sie das Werkstück samt Stab mit Dickschichtlasur.

### TIPP

*Auf der Rückseite des Sterns „Herz-lich Willkommen“ steht „Auf Wiedersehen“. Sie können ihn auch beliebig beschriften. Wie wäre es mit „Hallo“ und „Tschüß“?*

**Material**

- Sperrholz, 6 mm stark, 38 cm x 36 cm
- Rundstab, ø 12 mm, ca. 50 cm lang
- Acryllack in Gelb, Rot, Grau, Blau, Weiß
- Lackstift in Schwarz
- Dickschichtlasur, farblos
- Rundkopfstifte aus Messing, 1,4 mm x 13 mm

**Vorlage Seite 100 und 101**

Herzlich
Willkommen
Hallo

## Mooskranz

Orientieren Sie sich an der Anleitung und den Materialangaben auf Seite 88. Befestigen Sie Bindedraht am Metallring. Legen Sie mit der linken Hand Heu an und überbinden Sie dieses mit dem Bindedraht. Legen Sie immer wieder Heu an und binden Sie es so lange über den Reifen, bis dieser nicht mehr zu sehen ist. Dann schneiden Sie den Bindedraht ab und stecken das Ende in den Kranz zurück.
Befestigen Sie Bindedraht am Heurohling und binden Sie das Moos über den Rohling. Drahten Sie den Tontopf an, stecken Sie ihn unten auf dem Kranz fest und füllen Sie ihn mit Rosen und Schleierkraut. Das Heuherz kleben Sie daneben.
Aus Bast fertigen Sie eine Schleife und lassen die Enden lang herabhängen. In diese binden Sie die Wachsperlen. Eine weitere Wachsperle wird auf das Herz geklebt. Die Ranken werden angedrahtet und neben dem Heuherz befestigt. Darauf kleben Sie einzelne Efeublätter. Die Enden der Ranken werden mit Bast auf dem Kranz fixiert.
Rechts oben wird noch ein Heubündel auf den Kranz geklebt. Zusätzlich können Sie den Kranz mit ein paar Rosenblättern schmücken.

**Material**

- Metallring, ø 20 cm
- Heu
- Tontopf, ø ca. 5 cm
- Heuherz
- 3 Wachsperlen, ø 15 mm
- Rosenblüten, getrocknet
- Schleierkraut
- Ranken, natur
- Efeublätter
- Moos
- Bast, natur

## Hausnummern, die niemand übersieht

Skizzieren Sie mit dem Bleistift die Hausnummer auf der Holzplatte. Legen Sie die Fläche mit den Mosaiksteinen aus und gehen Sie so vor, wie auf Seite 88 bis 90 beschrieben. Dort finden Sie auch Angaben zur Grundausstattung. Steine legen, Papier aufkleben, trocknen lassen. Fliesenkleber auf die Holzplatte auftragen, das Papier mit den Mosaiksteinen auflegen, das Papier einweichen, abziehen und die Lage der Steine ggf. korrigieren. Auch hier wird der Rand mit Mosaiksteinen und Silikon beklebt.
Anschließend wie auf Seite 90 erklärt, fortfahren: das Mosaik verfugen, reinigen und trocknen lassen.

### Tipps

*Statt der bereits gefertigten Mosaiksteine können Sie natürlich auch Fliesenreste benutzen. Allerdings benötigen Sie dann einen Fliesenschneider, um 2 cm breite Streifen herzustellen, aus denen Sie dann mit der Japanischen Zange 2 cm x 2 cm große Vierecke abbrechen.*

*Achten Sie bei den Nummernschildern auf frostsicheren Fliesenkleber und frostsicheres Silikon. Die vorgefertigten Mosaiksteine sind in der Regel alle frostsicher; fragen Sie sicherheitshalber im Fachhandel nach.*

**Material**

- Holzplatte, mind. 19 mm stark, in gewünschter Größe
- Vorgefertigte Mosaiksteine in Schwarz, Weiß und Grau, 2 cm x 2 cm
- Fliesenkleber, Silikon, Tapetenkleister und Zementfuge

## Welcome-Schild zum Empfang

Bohren Sie zunächst zwei Aufhängelöcher in die Schindel. Dann bemalen Sie sie mit der blauen Farbe. Nach dem Trocknen bringen Sie die ausgeschnittenen Ranunkeln auf.
Schneiden Sie das Serviettenmotiv vorsichtig aus und lösen Sie dann die oberste, bedruckte Lage ab (genaue Beschreibung der Serviettentechnik auf Seite 95 bis 97). Tragen Sie Serviettenkleber auf den Rohling auf. Legen Sie das Motiv in den noch feuchten Klebstoff und drücken Sie es vorsichtig fest. Anschließend streichen Sie noch eine weitere Schicht Serviettenkleber über das Motiv. Achten Sie darauf, dass Sie immer von der Motivmitte zum Motivrand hin streichen, sonst reißt das Motiv. Alle Blasen und Fältchen können Sie zum Rand hin herausstreichen. Mit dem Terrakotta-Stift beschriften Sie das Schild. Lassen Sie alles trocknen und tragen Sie abschließend eine weitere Schicht Kleber und/oder Klar- oder Mattlack auf, wenn das Motiv draußen angebracht werden soll. Zum Schluss ziehen Sie eine dicke Kordel als Aufhängung ein und verknoten diese gut auf der Vorderseite.

### Tipps

*Sie können das Schild auch mit Ihrem Familiennamen oder Ihrer Hausnummer beschriften.*

*Lassen Sie sich von der angebotenen Vielfalt an Servietten inspirieren. So können Sie ganz leicht die tollsten Eigenkreationen entwerfen oder tolle Geschenke machen.*

**Material**

- Dachschindel
- Acrylfarbe in Blau
- Serviette mit gelben Ranunkeln
- Serviettenkleber
- Pinsel
- Klar- oder Mattlack
- Terrakotta-Stift in Hellgrün
- Bohrmaschine

**Vorlage Seite 102**

# Kleines Blumenbord

Zum Umgang mit Holz und weitere Materialien siehe Seite 91 und 92. Sägen Sie die Flügel aus dem dünnen, die Biene, die Stiefmütterchenblüten und deren Blütenmitten aus dem etwas dickeren und das Bord aus dem dicken Sperrholz aus. Bemalen Sie alles wie abgebildet, kleben Sie nach dem Trocknen die Blüten samt Mitten an und setzen Sie die kleine Biene zusammen. Bevor Sie alle Bohrungen ausführen, sollte der Kleber wirklich ganz ausgehärtet sein.
Die kleine Biene erhält ihre Fühler, den Stachel und den Befestigungsdraht eingeklebt. Bevor Sie diesen Draht durch die Bohrung der Blüte stecken, sollte er schon spiralförmig gewickelt sein. Schrauben Sie nun die drei Schraubhaken in die vorgebohrten Löcher, fertig!
Das fertige Bord können Sie mit Klebekissen anbringen oder an die Wand schrauben. Dazu durchbohren Sie das Bord an zwei Stellen, halten es an die Wand und markieren mit einem Bleistift die Bohrstellen. Nachdem Sie die Löcher in die Wand gebohrt haben, befestigen Sie das Bord mit Schrauben und Dübeln.

**Material**

- Sperrholzrest, 4 mm stark
- Sperrholzrest, 6 mm stark
- Sperrholz, 1 cm stark, A4
- Bastelfarbe in Olivgrün, Mittelbraun, Beige, Hautfarbe, Weiß, Vanille, Pfirsich, Ultramarinblau, Krokus und Flieder
- Bindedraht, ø 0,65 mm
- Bohrer, ø 1,5 mm
- 3 Zier-Schraubhaken, 2,6 mm x 30 mm (vermessingt, gerade)
- Evtl. Patchworkstoff für einen Schlüssel (ca. 2 cm x 25 cm)
- Evtl. Klebekissen oder 2 Schrauben und 2 Dübel

**Vorlage Seite 103**

## DIE ZEITUNGSFRAU

Zur Herstellung von Tontopffiguren siehe Seite 92 und 93. Grundieren Sie die Töpfe in den entsprechenden Farben laut Abbildung und übertragen Sie nach dem Trocknen die einzelnen Motive von der Vorlage. Schürze, einige Zierlinien und Haare malen Sie bitte gemäß der Abbildung. Die Borte der Schürze wird mit Plusterfarbe gearbeitet, ebenso das Gras am unteren, großen Tontopf. Plustern Sie die Farbe entsprechend der Herstellerangaben mit einem heißen Föhn auf. Den Keramik-Wandtopf kleben Sie auf die Schürze der Zeitungsfrau. Ist alles gut getrocknet, können Sie die Zeitungsfrau gemäß der Abbildung zusammensetzen.

**Material**

- 4 Tontöpfe, ø 10/11 cm
- 2 Tontöpfe, ø 6/7 cm
- 1 Tontopf, ø 18/20 cm
- 1 Tontopf, ø 14/15 cm
- 1 Tontopf, ø 20/22 cm
- 1 Tontopf, ø 30/34 cm
- 1 Keramik-Wandtopf, 3,5 cm
- Terrakotta-Stift in Blau, Weiß, Schwarz, Gelb, Rosa, Grün, Rot und Hellgrün
- Plusterfarbe in Weiß
- Dickes Seil in Braun, 160 cm lang, ø 1 cm
- Bast in Natur, mehrere Stücke, je 60 cm lang
- 1 Alurohr, ø 11 cm, 30 cm lang
- Klarlack
- Föhn

**Vorlage Seite 104**

Die Arme werden mit einem starken Seil zusammengefügt. Hierzu binden Sie nach dem Auffädeln jedes kleinen Tontopfes einen Knoten. Die Enden des Seils werden durch das Loch des mittleren Tontopfes gezogen (Hemd mit Knöpfen) und auch hier gut verknotet. Unter dem linken Arm fixieren Sie das Alurohr mit einem Seil, welches Sie durch die Röhre ziehen und um das Seil am Arm knoten. Flechten Sie aus Bast (je nach gewünschter Zopfdicke einige Baststücke, jeweils 60 cm lang) die Zöpfe und fixieren Sie diese am Kopf. Zum Abschluss können Sie die Zeitungsfrau mit einer schönen Pflanze im Kopf sowie Blumen in der Schürzentasche schmücken.

## Tipps

*Um die Figur zu stabilisieren ist es sinnvoll die Tontöpfe mit Gips oder Holzleim zusammenzufügen.*

*Außerdem ist es notwendig die Farben mit Klarlack zu überziehen, wenn Sie diese witzige Zeitungsfrau vor Ihre Haustüre stellen.*

## Witziges Türschild

Bemalen Sie die Tontöpfe laut Abbildung und Vorlage. Orientieren Sie sich auch an der Anleitung auf Seite 92 und 93. Einige Steine am Haus und die Hauswand werden zusätzlich mit der Granitfarbe bemalt. Den Schornstein kleben Sie an.
Fügen Sie die Tontöpfe mit dem Bast und den Perlen zusammen. Legen Sie die Töpfe untereinander um die Länge der Bastfäden zu bestimmen. Knoten Sie jeweils eine Holzperle an das Bastende, ziehen Sie das andere Ende durch das Loch des Tontopfes und schon können Sie die Figur zusammenfügen und aufhängen. Binden Sie die Figuren an den Bambusstab, ziehen Sie durch diesen außerdem eine Schlaufe aus Bast und fädeln Sie nun das Windspiel durch das Loch des oberen Tontopfs. Die Klangstäbe werden mit Nylon- oder einem stärkeren Bindfaden angebracht. Ziehen Sie diesen durch die Holzperle des unteren Tontopfes und verknoten Sie den Faden gut.
Überziehen Sie die Töpfe anschließend mit Klarlack.

**Material**

- 1 Tontopf, ø 18/20 cm
- 1 Tontopf, ø 6/7 cm
- 1 Tontopf, ø 4/5 cm
- 3 Tontöpfe, ø 8/9 cm
- Terrakotta-Stift in Schwarz, Rosa, Gelb, Dunkelblau, Grün, Hellgrün, Braun, Weiß und Rot
- Granitfarbe in Grau
- 3 Klangstäbe, 12 cm lang
- 4 Holzperlen in Natur, ø 1,2 cm
- Bast in Natur, 200 cm lang
- Bambusstab, ø 1 cm, ca. 4 cm lang
- Klarlack
- Nylon- oder Bindfaden

**Vorlage Seite 102**

## AUSGEFALLENER SPIEGEL

Anleitung und Basisausrüstung siehe Seite 88 bis 90.

**Material**

- Holzplatte, 30 cm x 30 cm x 1,9 cm
- Spiegel, 13 cm x 13 cm
- Bunte Fliesen
- Restglasstücke
- Vorgefertigte Mosaiksteine, 2 cm x 2 cm
- Kette und Haken
- Kleiner Zahnspachtel

## BUCHSKRANZ

Orientieren Sie sich an der Anleitung und den Materialangaben auf Seite 88. Befestigen Sie den Bindedraht am Metallring. Schneiden Sie den Buchs in 10 und 12 cm lange Zweige. Legen Sie zuerst die längeren Zweige an, damit Sie später den Abschluss darunter verstecken können. Nun legen Sie die kürzeren Zweige Büschel für Büschel an und wickeln den Bindedraht über das untere Drittel der Zweige. Binden Sie aus der Mitte heraus und halten Sie das Büschel mit der linken Hand, während die rechte bindet.

Legen Sie so lange Büschel an, bis der Kranz völlig geschlossen ist.

Am besten heben Sie die längeren Zweige am Ausgangspunkt hoch, damit Sie diese nicht mit einbinden. Der Übergang sollte nicht zu sehen sein.
Zum Schluss schneiden Sie den Draht ab und stecken ihn so in den Kranz zurück, dass sich die Bündel nicht wieder lösen können. Hängen Sie den Buchskranz am Satinband auf, knoten Sie das Band am Ende zusammen. Fertigen Sie aus Karoband eine doppelte Schleife, die Sie in der Mitte mit Golddraht abbinden, mit Steckdraht andrahten und so zur Aufhängung stecken. Drahten Sie die einzelnen Glockenblumen mit Steckdraht an und stecken Sie diese in die Mitte der Schleife.

**Material**

- Metallring, ø 20 cm
- Buchs
- Glockenblumen aus Holz
- Band, rot-weiß kariert, 50 mm breit, ca. 1,50 m lang
- Satinband, rot, 3 mm breit, ca. 1,20 m lang
- Golddraht

# Wohn- und Esszimmer

*In Wohn- und Esszimmer halten wir uns häufig auf und wollen uns deshalb in diesen Räumen besonders wohl fühlen. Für eine individuelle Atmosphäre sorgen liebevolle Details, die die Raumgestaltung abrunden. Dafür bieten sich zahlreiche Kreativ-Techniken an.*

## Abstraktes

Für alle Arbeiten mit Windowcolor orientieren Sie sich bitte an der Anleitung auf Seite 93 und 94.

### Windlicht

Malen Sie das Motiv auf Trägerfolie. Nach dem Trocknen können Sie es abziehen und gemäß der Abbildung oder nach Belieben auf dem Windlicht dekorieren. Der Deko-Sand wird in das Windlicht eingefüllt und die Kerze hineingedrückt.

**Material**

- Windowcolor-Konturenfarbe in Silber
- Windowcolor in Hell-, Mittel-, Dunkelgrün, Oliv, Hell-, Mittel-, Dunkelblau
- Trägerfolie
- 1 Windlicht
- Deko-Sand in Hellgrün
- 1 Kerze in Blau

**Vorlage Seite 105**

### Bilderrahmen

Malen Sie das Motiv auf Windradfolie und schneiden Sie es nach dem Trocknen entlang der Konturen aus. Das Reagenzglas wird mit Potpourri gefüllt, der Nylonfaden wird mehrmals um den oberen Rand gewickelt und gut verknotet. Anschließend knoten Sie ihn an den Bilderrahmen.

**Material**

- Windowcolor-Konturenfarbe in Silber
- Windowcolor in Hell-, Mittel-, Dunkelgrün, Oliv, Hell-, Mittel-, Dunkelblau, Türkis
- Windradfolie, 0,4 mm stark
- 1 Reagenzglas in Blau, ø 2 cm, 20 cm lang
- Duftpotpourri
- Nylonfaden

**Vorlage Seite 106**

## Borte

Die Borte wird auf Trägerfolie gearbeitet. Legen Sie die Mosaiksteine in die noch feuchte Farbe.

**Material**

- Konturenfarbe in Silber
- Windowcolor in Hell-, Mittel-, Dunkelblau, Türkis, Hell-, Mittel-, Dunkelgrün, Oliv
- Trägerfolie
- 8 Spiegel-Mosaiksteine, 1 cm x 1 cm

**Vorlage Seite 108 und 109**

## Orientalische Vasen

### Schmale Vase

Geben Sie ein leicht angefeuchtetes Schwammtuch auf den Plattenteller. Stellen Sie die Grappaflasche mittig darauf und fixieren Sie sie ggf. mit doppelseitigem Klebeband, damit sie beim Bemalen nicht vom Plattenspieler rutscht.
Tränken Sie den Fächerpinsel gut mit Farbe und tragen Sie dann die Farben abwechselnd in Streifen auf. Lassen Sie alles trocknen und brennen Sie die Farben gemäß der Herstellerhinweise ein.
Zuletzt werden ein Streifen, der sich um die Flasche windet, und Punkte mit der Relieffarbe Gold aufgetragen. Lassen Sie die Farbe trocknen und brennen Sie auch diesen Farbauftrag ein.

### Bauchige Vase

Stellen Sie die Vase mit der Öffnung nach unten auf den Plattenspieler und tragen Sie die Farben mit dem Fächerpinsel abwechselnd in Streifen bis zur Mitte der Vase auf.
Nachdem die Farben trocken sind, wird die Vase umgedreht. Tragen Sie die Farben wie oben auf den Rest der Vase auf.
Lassen Sie wiederum alles trocknen und brennen Sie die Farben gemäß der Herstellerhinweise ein.
Nun werden verschiedene Muster mit der goldenen Konturenfarbe auf die verschiedenen Farbstreifen aufgetragen. Wer unsicher mit geraden Linien ist, kann alle Muster auch einfach als Punkte aufbringen. Wenn Sie viele verschiedene Goldverzierungen aufbringen, wirkt die Gestaltung der Vase lockerer.
Nach dem Trocknen der Farben wird die Vase nochmals gebrannt.

**Material**

- Glänzende Glasmalfarbe in Sonnengelb und in drei Rottönen
- Konturenfarbe in Gold
- Leere Grappaflasche
- Runde, bauchige Glasvase
- Plattenspieler oder Töpferscheibe
- Fächerpinsel, Stärke 02
- Ggf. doppelseitiges Klebeband
- Schwammtuch

**Vorlage Seite 105**

# WINDLICHTER

## Windlichter mit Prägefolie

Rollen Sie zunächst eines der Gläser in Butterbrotpapier ein und zeichnen Sie den oberen bzw. unteren Rand des Glases von innen mit Bleistift auf das Papier.
Übertragen Sie dann die Umrisse des Musters von der Vorlage so auf das Butterbrotpapier, dass der Abstand zum angezeichneten Rand ungefähr gleich bleibt. Setzen Sie dafür das Muster möglichst immer an der gleichen Stelle neu an. Je konischer die Form Ihres Glases, desto öfter sollten Sie neu ansetzen.
Befestigen Sie dann die grob ausgeschnittene Vorlage auf der Prägefolie und fahren Sie das Muster und den Rand mit Bleistift auf einer weichen Unterlage nach. Denken Sie daran, dass sich Anfang und Ende des Folienstreifens um etwa einen Zentimeter überlappen sollten. Nun schneiden Sie den Folienstreifen grob aus und prägen nach Belieben oder entsprechend der Vorlage verschiedene Ornamente in die Folie. Die Löcher stechen Sie mit der Stopfnadel oder einem kleinen Nagel.
Schneiden Sie dann die Zacken und Bogen exakt aus und kleben Sie die Folie am oberen bzw. unteren Rand des Glases fest. Fixieren Sie den Folienstreifen eventuell mit einem Haushaltsgummi, bis der Klebstoff ganz getrocknet ist.

**Material**

- Trinkgläser ohne Wölbung
- Prägefolie in Silber
- Moosgummi-Platte oder alte Zeitungen
- Prägewerkzeug oder dicke Stricknadel
- Stopfnadel oder kleiner Nagel
- Butterbrotpapier
- Bleistift
- Klebstoff, Schere
- Klebefilm
- Haushaltsgummi
- Teelichter

**Vorlage Seite 106**

**Material**

- Windowcolor in Transparent mit silbernem Glitter
- Rocailles in Transparent mit Silbereinzug
- Glasperlen in Transparent, mattiert
- Glasstifte in Silber
- Pailletten in Silber
- Teelicht
- Pinzette

## Windlicht mit Pailletten

Bemalen Sie das Glas von unten nach oben Rille für Rille. Dann legen Sie mithilfe einer Pinzette in die noch feuchte, aber schon leicht angetrocknete Farbe die Perlen und Pailletten. Sobald die Farbe komplett trocken ist, haften die Teile gut auf ihr.

## WINDLICHTER

### Mit Perlen geschmückt

Schneiden Sie mit dem Seitenschneider den Maschendraht so zu, dass er um das Glas passt. Legen Sie ihn um das Glas und verbinden Sie ihn mit einem Stück Draht. Dann verdrehen Sie ein langes Stück Draht am oberen oder unteren Rand des Maschendrahtes. Dieses führen Sie abwechselnd über und unter den Kästchen des Maschendrahtes durch, wobei Sie auf das Drahtende immer wieder Perlen aufziehen und gleichmäßig verteilen.
Ist der Maschendraht komplett mit Perlen versehen, verdrehen Sie das Ende des Drahtes im Maschendraht.

### TIPP

*Sollte der Draht während des Arbeitens zu Ende gehen, verdrehen Sie ihn unauffällig am Maschendraht und setzen ein neues Stück an.*

**Material**

- Windlicht aus grünem Glas
- Maschendraht und Basteldraht in Grün
- Verschiedene Glasperlen in Grün- und Orangetönen
- Seitenschneider
- Teelicht

### Mit Kupferdraht umhäkelt

Schneiden Sie mit dem Seitenschneider ein langes Stück Draht zu. Schlagen Sie dann so viele Luftmaschen an, dass sie zum Kreis geschlossen um den unteren Rand des Windlichtes passen. Das Ende des Drahtes verdrehen Sie in der Häkelarbeit. Nun häkeln Sie einen „Schlauch", wobei Sie auf das Ende des Drahtes immer wieder Perlen aufziehen und diese mit einhäkeln. Ziehen Sie die Häkelarbeit immer wieder auf das Windlicht um zu überprüfen, ob sie passt. Der Schlauch sollte sich stramm um das Glas legen, damit er nicht verrutscht. Falls nötig, nehmen Sie Maschen auf bzw. ab. Sollte der Draht während des Häkelns zu Ende gehen, ziehen Sie ihn durch die zuletzt gehäkelte Masche, verdrehen ihn im bereits gehäkelten Teil und setzen ein neues Stück an.
Ist die benötigte Höhe erreicht, ziehen Sie den Draht durch die letzte Masche und verstecken ihn unauffällig im Gehäkelten. Drücken Sie dann die oberste(n) Reihe(n) des Schlauches etwas um den Rand des Glases, damit das Perlenkleid fest sitzt.

**Material**

- Effektdraht in Kupfer
- Häkelnadel, Nr. 3,5 oder 4
- Glasperlen in Orange- und Brauntönen
- Windlicht aus Glas mit eingegossener Kerze
- Seitenschneider

# Bambus

Zum Umgang mit Windowcolor siehe auch Seite 93 und 94.

## Mobile

Die Bambusteile des Rahmens werden mit Heißkleber an der Folie befestigt. Statt der Bambusstücke können Sie auch getrocknete Gräser verwenden.
Die Schriftzeichen können auch wie Fensterbilder zum Abziehen gearbeitet werden oder eine Glasvase veredeln.

**Material**

- Windowcolor-Konturenfarbe in Schwarz
- Windowcolor in Kristallklar
- Mobilefolie
- Nylonfaden
- Naturbast
- Getrocknete Bambusstücke und Gräser

**Vorlage Seite 103**

## Fensterbild

Das Motiv besteht aus zwei unterschiedlichen Teilen. Es kann so beliebig verlängert und jeder Fenstergröße angepasst werden.
Mit Kristallklar werden die kleinen Zwischenräume bei den Blättern gefüllt. So reißt das Bild beim Ablösen nicht so leicht ein. Sie können es auch auf Adhäsionsfolie arbeiten.

**Material**

- Windowcolor-Konturenfarbe in Schwarz
- Windowcolor in Kristallklar und in drei verschiedenen Grüntönen

**Vorlage Seite 107**

## MARGERITEN

Orientieren Sie sich an der Anleitung und den Materialangaben zur Serviettentechnik auf Seite 95 bis 97.

### Teller

Am Tellerrand werden ringsum Blätter aufgeklebt. Der Steckschwamm wird zurechtgeschnitten, ca. 2 cm hoch, mit Islandmoos bedeckt und das Ganze mit Blumendraht umwickelt. Der Schwamm wird dann ordentlich befeuchtet. Mit einem Stäbchen werden kleine Löcher eingestochen und die geschnittenen Margeriten dort eingesteckt. Ringsherum wird ein Band aus Sisalfäden geschlungen.

### Hohe Vase

Die Margerite und die Blätter werden auf die weiß grundierte Vase geklebt und erst danach wird um die Blüte herum der blaue Rand gemalt. Der Steckschwamm in der Vase wird mit Islandmoos abgedeckt. Die Kugel wird mit Islandmoos verkleidet, mit einem dünnen Draht umwickelt, auf ein Schaschlickstäbchen gesteckt, gut befeuchtet und in die Vase gesteckt. Die Margeritenblüten werden eingesteckt. Dabei ist teilweise ein Stäbchen hilfreich. Jetzt wird noch der Peddigrohranfang in die Steckmasse in der Vase eingestochen, kreisförmig um die Kugel herumgeführt und das Ende wieder eingestochen. Für mehr Stabilität klebt man einige Punkte mit Heißkleber zusammen.

**Material**

- 2 viereckige Tontöpfe, Höhe 19 cm, 13 cm Seitenlänge
- Weißer Keramikteller, 30 cm x 30 cm
- Flache Keramikschale, 20 cm x 20 cm
- Serviette mit Margeriten
- Acrylfarbe in Weiß, Blau, Hellblau
- Serviettenkleber
- Sisal in Naturfarben
- Islandmoos in Maigrün
- Steckschwamm und evtl. Kugel aus Steckmasse, ø 12-15 cm
- Peddigrohr in Hellblau
- Dünner Blumendraht
- Schaschlikstäbchen
- Margeritenblüten

## Perlenzauber bei Tisch

### Schutzhaube für Leckereien

Ein Silberdrahtende zu einer Öse biegen und Perlen und Glasstifte unregelmäßig aufreihen. Das Drahtende zu einer weiteren Öse biegen, aus dem Perlenstrang ein „S" formen und dieses mit einem Faden oder dünnerem Draht auf der Haube befestigen. So drei „S" anbringen.
Dann neun neunblättrige Blüten fertigen. Dazu sechs Perlen einer Farbe auffädeln und den Strang zu einem Ring verknoten. Dann ziehen Sie auf ein Fadenende eine andersfarbige Perle als Blütenmitte auf. Diese legen Sie in die Ringmitte, schlingen den Faden auf der gegenüberliegenden Seite zwischen zwei Perlen um den Ringfaden herum und führen ihn durch die Mittelperle zurück. Nun verknoten Sie ihn mit dem anderen Fadenende und fixieren den Knoten mit etwas Klebstoff. Haben Sie genügend Blüten fertig, befestigen Sie diese auf der Haube.

**Material**

- Silberdraht, ø 0,4 mm, 25 cm lang
- Rocailles in Grüntönen, Orange, Gelb und Gold, ø 2,5 mm und 4 mm
- Wachsperlen in Schwarz und Natur, ø 4 mm
- Glasstifte in Grün

## PERLENZAUBER BEI TISCH (Abbildung Seite 23)

### Tischset

Zuerst beschneiden Sie die Kanten der Filzstreifen (ca. 5 cm und 2 cm breit) mit der Wellenschere.
Dann formen Sie wie auf Seite 23 beschrieben einen S-förmigen Schnörkel und sechs Blüten und nähen oder kleben diese auf den breiten Filzstreifen.
An den schmalen Filzstreifen nähen Sie kleine Perlenbänder, die Sie aus je vier Rocailles und einem Glasstäbchen herstellen.
Zuletzt kleben Sie die Filzstreifen auf ein Tischset.

**Material**
- Tischset in Orange
- Silberdraht, ø 0,4 mm, 25 cm lang
- Rocailles in Grün, Orange, Gelb, Rot und Gold, ø 2,6 mm
- 8 Wachsperlen in Natur, ø 4 mm
- 18 Glasstifte in Grün, 2 cm lang
- Filz in A4 in Gelb
- Wellenschere
- Textilkleber

### Serviettenring

Fädeln Sie die Perlen auf den Draht auf und wickeln Sie diesen locker um das Rundholz, da die Perlen sehr leicht brechen.
Dann nehmen Sie die entstandene Spiralschnur ab und schließen sie zu einem Ring.

**Material**
- Silberdraht, ø 0,4 mm, 80 cm lang
- Rocailles in Orange, Gelb, Grün und Schwarz, ø 2,6 mm
- Rocailles in Orange, Grün und Kristall, ø 3 mm
- Rundholz, ø 8 mm

## MEDITERRANE OLIVEN

Wie die Serviettentechnik funktioniert, ist auf Seite 95 bis 97 ausführlich beschrieben.

### Teller

Messen Sie zuerst die Mitte des Tellers aus und schneiden Sie einen Kreis in der entsprechenden Größe aus der Serviette aus. Für den Tellerrand schneiden Sie den Rand der Serviette in kleine, ca. 7 cm lange Stücke. Diese Stücke kleben Sie wie ein Mosaik auf den Tellerrand.

**Material**
- Servietten mit Olivenzweigen
- Terrakottateller, ø 35 cm

### Vase

Bekleben Sie die Vase vollständig, bis auf den Rand, mit dem Olivenmotiv. Achten Sie darauf, dass die Serviette auch in die Rillen der Vase gelangt. Dazu drücken Sie die Serviette vorsichtig mit den Fingern und einem Pinselstiel in die Rillen. Der Vasenrand wird mit einem Stück des Serviettenrands verziert.

**Material**
- Servietten mit Olivenzweigen
- 1 kugelige Terrakottavase

### TIPP

*Da die hier verwendete Serviette schon ein gebrochenes Muster hat, scheint es, als wären die Modelle mit Crackle Medium bearbeitet.*

## Dachpfanne

Verzieren Sie zuerst die kleine Vase am Rand entlang mit dem Randmotiv der Serviette. Anschließend schneiden Sie die Mitte der Serviette zurecht und verzieren damit die Mitte der Dachpfanne. Nun schneiden Sie die Serviettenränder für den Rand der Dachpfanne aus. Die Dachpfanne erhält mit dem Serviettenrand einen schönen Rahmen. Dazu muss die Serviette allerdings immer wieder an den Ecken angesetzt werden.
Zuletzt kleben Sie die kleine Vase vor die Dachpfanne.

**Material**

- Servietten mit Olivenzweigen
- Dachpfanne
- Terrakottavase, ø 14 cm, 19 cm hoch
- Kraftkleber

## Maritimes in Silber

Die Serviettentechnik ist auf Seite 95 bis 97 ausführlich beschrieben.

### Teller

Der Teller wird mit einer kompletten Serviette versehen, deren Inneres und deren Rand ausgeschnitten wurde.
Überstehende Serviettenreste werden einfach um den Rand geschlagen und dann unten bzw. innen festgeklebt oder aber vorsichtig an der Kante abgerissen.

### Übertopf

Der Übertopf wird mit einem zurechtgeschnittenen Eckstück beklebt. Überstehende Serviettenreste werden um den Rand geschlagen und dann unten bzw. innen festgeklebt oder aber vorsichtig an der Kante abgerissen.

### Kerzenleuchter

Für den Kerzenleuchter schneiden Sie einige kleine Muscheln aus und kleben diese auf den komplett mit Serviettenkleber versehenen Rohling.

**Material**

- Servietten mit Muscheln und Seesternen
- Metallteller, ø 30 cm
- Metallübertopf, ø 18 cm
- Metallkerzenleuchter, ø 9 cm

# Musik liegt in der Luft

**Material**

- Servietten mit Ahornblättern in Rotbraun
- Servietten mit Früchten in Orange-Hellbraun
- Servietten mit Noten und Instrumenten in Silber
- Servietten mit Noten in Gold
- Acrylfarbe in Gold, Silber, Orange, Creme
- 4 CD-Sammler aus Holz

## CD-Sammler

Bemalen Sie je einen CD-Sammler in Creme, Orange, Silber und Gold.
Nach dem Trocknen der Farben bekleben Sie die äußeren Seiten der CD-Sammler mit den Serviettenmotiven (siehe hierzu Seite 95 bis 97). Den goldenen CD-Sammler mit dem Notenmotiv in Gold, den silbernen mit dem Noten- und Instrumentenmotiv in Silber, den cremefarbenen mit dem Früchtemotiv und den orangefarbenen mit dem Ahornblattmotiv.

## Videohülle oder Bücherschachtel

Zuerst bemalen Sie die Buchhülle mit goldener Acrylfarbe. Nachdem die Farbe getrocknet ist, beziehen Sie den Deckel und den Rücken mit dem Serviettenmotiv (siehe Seite 95 bis 97).

**Material**

- Servietten mit Noten in Gold
- Acrylfarbe in Gold
- Buchhülle oder Schachtel in Buchform aus Pappe

## GERINGELT, GEPUNKTET UND GESTREIFT

Die einzelnen Glashüllen arbeiten Sie wie auf Seite 98 beschrieben. Dort sind auch die zusätzlich benötigten Hilfsmittel sowie weitere Arbeitsschritte aufgeführt.
Sie benötigen ca. 20 cm x 9 cm für das blaue und das grüne Glas sowie 30 cm x 30 cm für die orangefarbene Vase. Diese Gefäße brauchen nur eine Naht.
Für die orangefarbene Vase schneiden Sie nach Geschmack unterschiedlich große Ringe je zweimal zu. Für jeden Ring wird in der orangefarbenen Vasenhülle passend ein Loch ausgeschnitten. Verteilen Sie die Ring gleichmäßig auf der Hülle und fixieren Sie sie mit Stecknadeln. Zeichnen Sie die inneren Kreise ab und schneiden Sie diese etwa 2 mm größer aus. Ziehen Sie jetzt die Hülle auf die Vase und kleben Sie die Ringe auf.
Auf die kleinen Glashüllen werden die Ornamente gemäß der Abbildung aufgeklebt.
Die verschieden großen Kreise verteilen Sie gleichmäßig auf der blauen, die Streifen (1 cm x 20 cm) auf der grünen Hülle werden im Abstand von 1 cm aufgeklebt.

### TIPP

*Um die welligen Kanten des Filzes zu erhalten, schneiden Sie diesem einen leicht welligen Rand und ziehen den elastischen Filz mit den Fingern noch etwas auseinander.*

**Material**

- Filz in Orange meliert, Blau, Grün und Pink
- Vase, ø 9,5 cm, 25 cm hoch
- 2 Gläser, ø 6 cm, 13 cm hoch

# Fröhliche Sonnenräder

## Flaschen-Windlicht

Weiterhin benötigte Hilfsmittel und Materialien sowie Arbeitsschritte finden Sie auf Seite 98. Stellen Sie wie auf Seite 30 beschrieben insgesamt 12 Sonnenräder her. Mit diesen verzieren Sie das Flaschen-Windlicht.

**Material**

- Flaschen-Windlicht, weiß mattiert, insgesamt ca. 43 cm hoch
- Filz in Gelb, Rot und Orange
- 8 Pailletten in Gelb
- 4 Pailletten in Rot
- Textilkleber

**Vorlage Seite 102**

## Bilderrahmen

Weiterhin benötigte Hilfsmittel und Materialien sowie Arbeitsschritte finden Sie auf Seite 98. Entfernen Sie das Glas und die hintere Holzplatte des Rahmens. Stellen Sie die Sonnenräder wie auf Seite 30 beschrieben her. Den Filz für die Hintergründe (ca. 6 cm x 6 cm) schneiden Sie zu und kleben ihn direkt auf die Holzplatte. Darauf bringen Sie die Sonnenräder an und befestigen die Platte dann wieder hinter dem Rahmen. Damit die Struktur des Filzes gut zur Geltung kommt, lassen Sie das Glas weg.

**Material**

- Holzbilderrahmen mit vier Ausschnitten (je 4,5 cm x 5 cm), weiß lasiert, 15 cm x 16,5 cm
- Filz in Rot, Gelb, Orange, Rosa und Pink
- 3 Pailletten in Rot
- 1 Paillette in Gelb
- Textilkleber

**Vorlage Seite 102**

## FRÖHLICHE SONNENRÄDER

(Abbildung Seite 29)

### Lampe

Weiterhin benötigte Hilfsmittel und Materialien sowie Arbeitsschritte finden Sie auf Seite 98. Kleben Sie das Paillettenband um den unteren Rand des Lampenschirmes. Dann schneiden Sie die einzelnen Motivteile in jeder Farbe einmal aus Filz zu. Nun kleben Sie auf das Sonnenrad einen großen und einen kleinen Kreis. Ist das Sonnenrad z.B. orange, arbeiten Sie einen großen gelben und einen kleinen roten Kreis oder umgekehrt. In die Mitte des kleinen Kreises kleben Sie eine Paillette in einer Kontrastfarbe. Zuletzt die Sonnenräder auf dem Lampenschirm fixieren.

**Material**

- Teelichthalter mit Glaslampenschirm in Orange, 20 cm hoch
- Filz in Gelb, Rot und Orange
- 2 Pailletten in Gelb
- 1 Paillette in Rot
- Paillettenband in Rot, ca. 36 cm lang
- Textilkleber

**Vorlage Seite 102**

## CAPTAIN'S DINNER

### Minirettungsringe für Servietten

Gardinenringe abwechselnd weiß und farbig bemalen und trocknen lassen. Schriftzüge mit dem schwarzen Filzstift in Druckschrift auftragen.

**Material**

- Gardinenringe aus Holz
- Bastelfarbe in Weiß, Grün, Hellblau, Dunkelblau, Rot
- Pinsel, wasserfester Filzstift in Schwarz

### Tischdecke und Servietten

Nähen Sie das Streifenband in einem Abstand von 10 cm zu den Kanten an allen vier Seiten auf die Tischdecke. Seesterne, Muscheln und Meeresschnecken von der Vorlage auf Papier übertragen. Motive mit dem Bügelstift nachzeichnen und frei verteilt zwischen Rand und Streifenband auf die Tischdecke aufbügeln. In die Ecken der Decke je einen Seestern setzen. Motive für die Servietten sind Muscheln oder ein Seestern in einer Ecke und kleine Miesmuscheln an den Rändern. Gestickt wird mit einfachen Rückstichen (Steppstichen), das geht schnell und schafft zudem ein feines Aussehen.

**Material**

- 1 Tischdecke und Servietten in Weiß
- Dänisches Stickgarn oder Sticktwist (dreifädig verarbeitet) in Dunkelblau
- Band in Blau/Weiß gestreift, jeweils zweimal so lang und so breit wie die Tischdecke
- Passendes Nähgarn
- Bügelstift zum Übertragen von Vorlagen auf Stoff
- Papier

**Vorlage Seite 110**

## Essgeschirr

Schriftzüge und Knoten mit Kopierpapier von der Vorlage abnehmen und gemäß der Abbildung auf den Geschirrteilen anordnen. Mit Kopierpapier übertragen. Damit die Schrift schön gerade und die Seile und Knoten scharf erscheinen, sollten Sie mit einer Guttaflasche und einer feinen Metalldüse aus der Seidenmalerei arbeiten. Dazu ein wenig Porzellanfarbe in die Flasche füllen und die Konturen der Motive nachziehen. Geschirrteile gemäß der Herstellerhinweise trocknen lassen und anschließend im Backofen brennen.

**Material**

- 1 weißer Essteller und 1 weißes Frühstücksgedeck mit ca. 4 cm breitem Rand
- Wasserlösliche Porzellanmalfarbe in Dunkelblau
- Guttaflasche und Metalldüse, Gr. 0,2
- Kopierpapier
- Spitzer Bleistift

**Vorlage Seite 110**

## STRANDGUT

### Zarte Gardine mit Durchblick

Säumen Sie die seitlichen Kanten der Gardine. Nähen Sie die obere Kante mit 2 cm Einschlag und 2 cm Umschlag. Die untere Kante säumen Sie ebenso, jedoch auf die rechte Stoffseite. Bügeln Sie die untere Kante für die Taschen 15 cm breit nach rechts um. Nähen Sie den Umschlag für acht gleich große Taschen ab.
Für die Aufhängung verwenden Sie Holzwäscheklammern. Kleben Sie mit der Heißklebepistole Muscheln auf oder setzen Sie sie auf Bastbüschel oder zu kleinen Knoten geschlungene Grasfasern.
Wenn Sie keine Spannseile haben, sondern Gardinenstangen mit Ringen, dann können Sie die Klammern an den Ringen befestigen, indem Sie Bast oder Schnur durch das Loch der Wäscheklammerfeder ziehen.

**Material**

- Dünner Stoff in Weiß, Maß entsprechend der Höhe und der Breite des Fensters plus 4 cm für den oberen Saum und 19 cm für den unteren Saum mit den Taschen
- Nähgarn in Weiß
- Holzwäscheklammern
- Bast
- Grasfaser
- Muscheln
- Heißklebepistole

### Filigrane Drahtaufhänger

Vom Draht ein ca. 75 cm langes Stück abkneifen, mit der Zange gemäß der Abbildung in Fisch-, Seestern- oder Seepferdchenform biegen. Drahtenden miteinander verdrehen und abkneifen. Bastfäden um das Motiv binden, eine Schlaufe zum Aufhängen knoten, Enden herabhängen lassen. Mit der Heißklebepistole am Befestigungsknoten, an einigen Stellen auf dem Bast und auf dem Schlaufenknoten Muscheln befestigen. Mit Wäscheklammern an die Gardine klemmen.

**Material**

- Draht, in Silber ø 1,2 mm
- Rundzange
- Bast
- Muscheln
- Heißklebepistole

### Blumentopf mit Bastkordel

Aus zwei Baststrängen eine Kordel drehen und doppelt um den Topfrand gelegt mit Heißkleber fixieren. Kordelenden zu einem Knoten schlingen, ebenfalls mit Kleber sichern. In die Mitte des Knotens eine Muschel kleben.

**Material**

- Blumenübertopf aus Terrakotta
- Bast
- Heißklebepistole
- Muschel

### Tontopf mit Muscheln

Muscheln strichweise mit wenig blauer Farbe anmalen und mit Kleber gleichmäßig um den Topfrand herum kleben.

**Material**

- Blumenübertopf, ca. ø 12 cm
- 12 Muscheln
- Bastelfarbe in Blau
- Borstenpinsel, Stärke 8
- Kraftkleber

## Terrakottateller

Ordnen Sie die Muscheln und Seesterne auf dem Teller an und befestigen Sie sie mit Kraftkleber.

**Material**

- Großer Terrakottateller
- Muscheln und Seesterne
- Kraftkleber

## Bilderrahmen mit Bastknoten

Bast halbieren und zu einem Knoten schlingen. Knoten aufkleben und mit einigen Muscheln dekorieren. Vereinzelte Muscheln auf dem Rahmen befestigen.

**Material**

- Bilderrahmen, 18 cm x 24 cm, mit ca. 3-4 cm breiten Leisten
- Bast in Naturfarben
- Muscheln
- Heißklebepistole

## EDLE BLÄTTER

Wie die Serviettentechnik funktioniert, ist auf Seite 95 bis 97 ausführlich beschrieben.

### Vorhang

Kleben Sie die einzelnen Blätter wie gewünscht auf dem Vorhangstoff auf. Zur besseren Verteilung der Blätter legen Sie den Vorhangstoff auf den Boden. Nun können Sie die Motive so lange hin und her legen, bis Ihnen die Anordnung gefällt.

### Tischdecke

Verzieren Sie die Ecken der Tischdecke jeweils mit einem Blatt und die Mitte der Tischdecke mit einem Arrangement aus mehreren Blättern.

### Vase

Schneiden Sie mehrere unterschiedliche Blätter aus der Serviette aus und arrangieren Sie sie so auf der Vase, wie es Ihnen am besten gefällt.

### Trinkgläser

Dekorieren Sie die Gläser wie abgebildet mit den Blättern.

### Einladungskarte

Falten Sie das Tonpapier zu einer Karte und bekleben Sie sie mit den Blättern.

### Tischkarte

Falten Sie das Tonpapier zu einer Tischkarte und bekleben Sie sie mit kleinen Blattmotiven.

### Kerze

Bekleben Sie die Kerze wie abgebildet mit unterschiedlich großen Blättern.

**Material**

- Servietten mit grauen Blättern
- Vorhangstoff
- Serviettenkleber
- Serviettenkleber für Kerzen
- Serviettenkleber für Textilien
- Tischdecke
- Vase mit Crackle-Muster
- Trinkgläser
- Tonpapier in Weiß, DIN A5
- Tonpapier in Weiß, DIN A7
- Kerze in Weiß

## Grafisches Design

Zum Umgang mit Satinierfarben siehe Seite 98 und 99.
Kleine Windowcolorfarbtupfen werden gemäß der Abbildung auf die Vase aufgetragen. Nach dem Trocknen satinieren Sie die gesamte Glasfläche und entfernen anschließend die Windowcolortupfen wieder mithilfe von zwei Nadeln. Füllen Sie nach Belieben die transparent gebliebenen Farbtupfen mit Glasmalfarben aus.

Auf die Außenseite der Glasschale malen Sie mit Windowcolor Schlangenlinien, die für das später notwendige Abziehen vielfach miteinander verbunden sind. Breite Windowcolorstreifen wechseln sich mit Punkten ab. Gestalten Sie den Farbauftrag so, dass Sie mit der Satinierfarbe die beiden Schalenhälften nacheinander ohne Zeitdruck bearbeiten können.
Danach überarbeiten Sie die entstandenen Kanten und Flächen nach Belieben mit den Glasmalfarben, die zusammen mit den Satinierfarben nach Herstellerangaben im Backofen gehärtet werden können.

**Material**

- Glasvase in Türkis, 33 cm hoch
- Glasschale in Türkis, 26 cm x 20 cm
- Windowcolor in beliebiger Farbe
- Satinierfarbe in Frost
- Porzellan- oder Glasmalstifte in Blau und Grün

## ORIENTALISCHES DESIGN

Der Umgang mit Satinierfarben ist auf Seite 98 und 99 genau beschrieben.
Arbeiten Sie Negativ-Schablonen aus Windowcolor. Das heißt, Sie füllen auf Folie gemalte Tropfen und Herzen nicht mit Windowcolor aus, sondern arbeiten um die Konturlinie herum einen ca. 1 cm breiten Farbstreifen (vgl. Abbildung). Für das Kerzenglas mit Stiel brauchen Sie ungefähr 10 Tropfen, für die Schale 14 Herzen.
Kleben Sie die gearbeiteten Windowcolorteile so auf den zu dekorierenden Gegenstand, dass die Randstreifen sich nicht überlappen. Mit dem mit Satinierfarbe getränkten Schwämmchen bearbeiten Sie die Motivfläche. Jetzt können Sie nach Belieben mit angefeuchteten Wattestäbchen frei Hand Muster aus der noch feuchten Farbe arbeiten. Orientieren Sie sich dazu an der Abbildung.

**Material**

- Schale in Rot, ø 15 cm, 8 cm hoch
- Glas in Rot, ø 8,5 cm, 13 cm hoch
- Kerzenglas mit Stiel in Rot, ø 10,5 cm, 32 cm hoch
- Schablonen aus Windowcolor
- Isolierband
- Satinierfarbe in Gold
- Packung Wattestäbchen

**Vorlage Seite 132**

(Fortsetzung von Seite 41)

Verwenden Sie dafür immer wieder neue Wattestäbchen und arbeiten Sie zügig. Noch vor dem Antrocknen der Satinierfarbe muss die Schablone abgezogen werden.
Beim Kerzenglas mit Stiel werden abschließend über die gesamte Glasfläche direkt aus der Satinierfarbflasche Punkte aufgetupft.
Für die Vase kleben Sie einen Isolierbandstreifen um die obere Glaskante und anschließend senkrecht sechs weitere rund um das Glas. Bearbeiten Sie die Farbfelder mit der Satinierfarbe abwechselnd nach links und rechts, ziehen Sie Isolierbandstreifen zwischen zwei benachbarten, bearbeiteten Satinierfarbfeldern so schnell wie möglich ab.

### TIPPS

*Falls die Schablonen nicht rechtzeitig abgezogen werden, trennt sich die auf der Schablone befindliche Farbe nicht mehr von der auf dem Glas aufgetragenen Farbe und Sie erhalten unsaubere Farbkanten. Manchmal lösen sich ganze Farbstücke. Nacharbeiten ist fast unmöglich.*

*Falls etwas misslungen ist, sollten Sie den Gegenstand so schnell wie möglich in ein Wasserbad legen, dann ist die Farbe nach kurzer Einwirkzeit wieder vollständig abzulösen.*

## IM STIL VON MATISSE

Zum Umgang mit Satinierfarben siehe Seite 98 und 99.

### Fensterschmuck

Kleben Sie mehrere Windradfolien auf Stoß mit Klebefilmstreifen zusammen, bis Sie die für Ihr Fenster notwendige Foliengröße erreicht haben. Ihre Vorlage sollte so groß wie das Folienstück sein. Kopieren Sie das Vorlagenteil entsprechend oft und auch seitenverkehrt und setzen Sie die Kopien mit Klebefilmstreifen passgenau aneinander.
Befestigen Sie die Folie mit wenigen Klebefilmstreifen auf der Vorlage und arbeiten Sie alle Linien mit der perlmuttfarbenen Windowcolorfarbe nach. Füllen Sie nach dem Trocknen die Farbfelder mit silberner Satinierfarbe aus. Entfernen Sie über die Kontur versehentlich aufgetragene Farbe sofort mit Wattestäbchen.
Die Klebekraft der Windowcolorlinien reicht im Allgemeinen aus, um die Windradfolie mit der bemalten Seite am Fenster zu befestigen.

**Material**

- Windradfolie
- Klebefilm
- Windowcolor in Perlmutt
- Satinierfarbe in Silber
- Wattestäbchen

**Vorlage Seite 111**

## Spiegel und Vase

Alle kopierten Vorlagen werden mit einer kleinen Schere ausgeschnitten, sodass Negativ-Schablonen entstehen (siehe Seite 98 und 99). Jede Schablone ist nur einmal verwendbar.

Arbeiten Sie zunächst die Figur. Für den Rand müssen Sie Ihrer Spiegelgröße entsprechend mehrere Kopien der Vorlagen anfertigen, ausschneiden und beliebig aneinander reihen. Legen Sie die Papierschablonen so auf, dass beim Arbeiten mit der Satinierfarbe über den Papierrand hinweg ein gleichmäßig breiter Farbrandstreifen entsteht. Im Bereich rund um die Figur reduzieren Sie den Farbauftrag und lassen den Farbstreifen auslaufen. Kurze Zwischentrocknungszeiten verhindern das Verwischen der soeben aufgetragenen Farbe.

Die Kopie für die Figur auf der Vase wird im Randbereich wellenförmig abgeschnitten, gehen Sie weiter wie auf Seite 98 und 99 beschrieben vor.

### Tipp

*Schablonen aus Papier sind nur auf ebenen und glatten Flächen verwendbar. Erleichtern können Sie sich den Umgang mit Papierschablonen, indem Sie die Papierrückseite mit Sprühkleber versehen.*

**Material**

- Spiegel, 60 cm x 40 cm
- Glasvase, 16,5 cm x 14 cm x 14 cm
- Satinierfarbe in Frost

**Vorlage Seite 112 und 113**

## KÜCHE

*Geschmackvoll dekorierte Küchen sind ein wahrer Augenschmaus. Im passenden Ambiente machen Kochen und Essen gleich noch mehr Spaß, denn bekanntlich isst das Auge mit. Lassen Sie sich von appetitlichen Ideen zu Ihrer Traumküche inspirieren!*

### MEDITERRANE KÜCHE

Die Serviettentechnik ist auf Seite 95 bis 97 genau beschrieben.

Alle Tongefäße und Holzkisten sind weiß grundiert, die Töpfe haben einen zum Motiv passenden Rand und werden farblich abgestimmt betupft. Die ausgeschnittenen Serviettenmotive werden aufgeklebt. Das kleine Holzkistchen kann mit einer Kordel aufgehängt werden. Bei der Ölflasche wird zuerst das weiße Quadrat aufgetupft, dann der grüne Rand bemalt und nach dem Trocknen wird die Serviettenolive aufgeklebt.

#### ACHTUNG

*Die Flasche stets nur feucht abwischen, nicht spülen!*

**Material**

- Verschiedene viereckige Tonbehälter
- 2 Holzkistchen
- 1 Glasflasche
- Serviette mit Gemüse
- Serviette mit Kräutern
- Serviette mit Oliven
- Acrylfarbe in Weiß, Grün, Grau
- Serviettenkleber
- Weiße Kordel
- Verschiedene Gewürzpflanzen und buntes Gemüse

D'OLIVA
HUILE D'OLIVE

## APPETITLICHE KÜCHE

### Holzkistchen und Holzregal mit Borte

Streichen Sie die Holzteile einmal mit Vorstreichfarbe und zweimal in Blaugrün, lassen Sie die Farbe jeweils trocknen.
Übertragen Sie die Vorlagen für die Zwiebel und die Knoblauchknolle mit wasserfestem, schwarzem Filzstift auf eine Klarsichthülle und schneiden Sie die Motive mit dem Cutter auf einer geeigneten Unterlage aus.
Die mit Fix-it-Spray besprühten Schablonen auf die Vorderseite der Kistchen legen und die Öffnungen mit der entsprechenden Farbe ausstupfen. Bei der Zwiebel bringen Sie zuerst Ocker und danach Terrakotta auf. Nehmen Sie die Schablone ab und lassen Sie die Farbe gut trocknen (ca. 4 Tage!).

Befestigen Sie das Tischband mit Malerband auf dem abgedeckten Tisch, damit es nicht verrutscht.

Darauf fixieren Sie die Zwiebel-Schablone mit Malerband so, dass das Motiv leicht schräg auf dem Band liegt. Am besten beginnen Sie in der Mitte Ihres Bandes und arbeiten von dort mit gleichmäßigen Abständen in beide Richtungen. Stupfen Sie zuerst mit der Schablonierfarbe Ocker das ganze Motiv aus, dann nur leicht mit der Farbe Terrakotta darübergehen.

### TIPP

*Wenn Sie das Band mit farblich passender Stoffmalfarbe schablonieren und fixieren, können Sie es sehr gut waschen.*

**Material**

- Holzkistchen in gewünschter Größe, naturbelassen
- Holzregal in gewünschter Größe, naturbelassen
- Tischband in passender Länge
- Malerband
- Vorstreichfarbe für Holz
- Matte Bastelfarbe in Blaugrün und Weiß
- Schablonierfarbe in Terrakotta und Ocker
- Schablonierpinsel
- Fix-it-spray
- Verschiedene Pinsel
- Klarsichthülle
- Cutter mit Schneideunterlage
- Sehr dünner, wasserfester Filzstift

**Vorlage Seite 101**

## Wand-gestaltung

Alles abdecken, Raufaser tapezieren und mit Dispersionsfarbe zweimal weiß streichen. Die grüne Volltonfarbe mit weißer Dispersionsfarbe aufhellen. Knüllen Sie einige Zeitungsseiten zusammen und tauchen Sie diese in die Farbe. Tupfen Sie die Farbe auf Küchenkrepp oder Packpapier ab, bis die geknüllte Zeitungsstruktur zu sehen ist. Setzen Sie zuerst auf der kompletten Wand verteilt kräftige Akzente. Je häufiger Sie tupfen, desto schwächer wird der Auftrag. Tauchen Sie die Zeitung immer wieder in Farbe, bis Sie die Wand fertig gestaltet haben.

**Material**

- Raufaser, grob
- Spezialkleister
- Dispersionsfarbe in Weiß
- Volltonfarbe in Grün
- Fassadenwalze
- Zeitung
- Küchenkrepp oder Packpapier
- Malerband
- Abdeckfolie

## SAUER MACHT LUSTIG!

### Gardine

Fertigen Sie aus Klarsichthülle eine Schablone an (siehe Seite 42) und besprühen Sie sie mit Fix-it-Spray.
Bedrucken Sie dann die Gardine mit dem Zitronenmotiv. Dazu platzieren Sie die fertige Schablone auf dem Stoff und befestigen sie mit Kreppklebeband. Nehmen Sie nun etwas Farbe auf den Stupfpinsel und tupfen Sie die Schablone zuerst mit der einen, dann mit der anderen Farbe aus.
Entfernen Sie die Schablone vorsichtig vom Stoff, damit nichts verwischt. Bevor die Schablone neu angesetzt wird, sollten Sie sie mit Küchenkrepp säubern. Es dürfen keine Farbkrümel auf den Stoff fallen.

**Material**
- Gardine
- Cutter mit Schneideunterlage
- Klarsichthülle
- Schablonierfarbe in Gelb und Grün
- Stupfpinsel
- Feiner, wasserfester Filzstift in Schwarz
- Kreppklebeband
- Fix-it-Spray

**Vorlage Seite 114**

### Wandbordüre

Fertigen Sie eine Schablone an (siehe Seite 42). Dann streichen Sie die Tapetenstreifen mit gelber Wandfarbe ein. Lassen Sie die Farbe trocknen. Anschließend bedrucken Sie die Bordüre mit dem Zitronenmotiv (siehe links).
Während die Farbe trocknet, können Sie die Holzleisten grün anstreichen.
Mit der getrockneten Bordüre können Sie Ihre Wände tapezieren. Die Leisten werden nach dem Tapezieren angebracht.

**Material**
- Cutter mit geeigneter Schneideunterlage
- Klarsichthülle
- Schablonierfarbe in Gelb und Grün
- Holzleisten, 2 cm breit
- Matte Bastelfarbe in Grün
- 15 cm breite Tapetenstreifen
- Wandfarbe in Hellgelb
- Malerpinsel
- Stupfpinsel

**Vorlage Seite 114**

### Zitronen am Fenster

Wie Sie mit den Windowcolorfarben arbeiten, ist auf Seite 93 und 94 genau beschrieben.
Das Motiv wiederholen Sie so oft, wie Sie es für Ihre Fensterbreite brauchen.

**Material**
- Adhäsionsfolie
- Windowcolor in Kristallklar, Sonnengelb, Smaragdgrün
- Windowcolor-Konturenfarbe in Schwarz

**Vorlage Seite 115**

### Zitronenstecker

Schneiden Sie die Zitronen und die Blätter nach der Vorlage aus. Dann kleben Sie die Einzelteile wie abgebildet zusammen.
Den Holzstiel umwickeln Sie mit grünem Kreppwickelband, bevor Sie ihn hinter die Moosgummifrüchte kleben.

**Material**
- Moosgummi in Gelb, Hell- und Dunkelgrün, 2 mm stark
- 2 Holzstäbe
- Grünes Kreppwickelband

**Vorlage Seite 114**

# MITTELMEER-KÜCHE

Die Anleitung für das Arbeiten mit Windowcolor finden Sie auf Seite 93 und 94.

## Gemüseborte

Arbeiten Sie die Borte am besten auf Adhäsionsfolie.

**Material**

- Windowcolor-Konturenfarbe in Schwarz
- Windowcolor in Gelb, Orange, Hellrot, Dunkelrot, Hellgrün, Dunkelgrün, Weiß, Kristallklar
- Adhäsionsfolie

**Vorlage Seite 107 bis 109**

## Dekorationen für Gläser

Der Olivenzweig haftet direkt an der Flasche. Die anderen Gemüseteile werden nach dem Trocknen auf eine weiße Klebefolie gestrichen und ringsum ausgeschnitten. So verlieren sie zwar ihre Transparenz, aber dafür sind die Farben kräftiger und wirken auch auf einem dunklen Gefäß gut.
Nach dem Trocknen werden zwei Gemüseteile durch einen Bastfaden verbunden, dessen Enden jeweils um den Stängel gewickelt und angeklebt werden.

**Material**

- Windowcolor-Konturenfarbe in Schwarz
- Windowcolor in Gelb, Hellrot, Dunkelrot, Weiß, Schwarz, drei verschiedene Grüntöne
- Naturbast
- Klebefolie in Weiß

**Vorlage Seite 107**

## KRÄUTER-KÜCHENDEKO

Die Serviettentechnik ist auf Seite 95 bis 97 genau erklärt.

Schneiden Sie die verschiedenen Kräutermotive aus der Serviette aus und bringen Sie sie auf den verschiedenen Gegenständen mit dem entsprechendem Serviettenkleber an. Grundieren Sie das Tablett zweimal mit weißer Dispersions- oder Bastelfarbe und streichen Sie den Rand mit der grünen Farbe. Ist die Farbe gut getrocknet, bringen Sie die Kräutermotive wie abgebildet auf.

### TIPP

*Teilweise erhalten Sie Glas- und Keramikwaren im Handel zu sehr günstigen Preisen. Die Qualität ist dann aber häufig so schlecht, dass diese Objekte ein Brennen im Backofen nicht blasenfrei überstehen. Lassen Sie daher bei solcher Ware die Aushärtung im Ofen sicherheitshalber weg.*

**Material**

- Servietten mit Kräutern
- Stoffgardine
- Stofftopflappen
- Stoffset
- Keramik-Trinkbecher
- Keramikschale
- Pflanzenübertöpfe aus Keramik
- Aufbewahrungsglas für Spagetti
- Gewürzgläser mit Schraubverschluss
- Dispersions- oder Bastelfarbe in Weiß und Grün
- Holztablett
- Serviettenkleber
- Serviettenkleber für Stoff

## SPAGETTI-LEIDENSCHAFT

Wie die Serviettentechnik funktioniert, ist auf Seite 95 bis 97 genau beschrieben.

### Rezeptbücher

Die Vorder- und Rückseiten beider Rezeptbücher werden zuerst mit Acrylfarbe bemalt. Dabei stupfen Sie die Farbe mit dem Borstenpinsel auf die Pappe. Die Oberflächen sehen dadurch leicht wolkig aus. Falls nach dem ersten Farbauftrag die Pappe noch durchschimmern sollte, versehen Sie die Bücher mit einem weiteren Farbauftrag. Aus den Servietten schneiden Sie ein Motiv pro Buch aus und bringen dieses mit dem Kleber auf. Die Etiketten für die Bücher können Sie entweder kaufen, beschriften und aufkleben oder Sie stellen diese mithilfe eines Computers selbst her.

**Material**

- Servietten mit Spagetti
- Servietten mit Gemüse
- Perl-Acrylfarbe in Weiß
- Gebundene Blanko-Pappbücher, 15 cm x 22 cm
- Borstenpinsel
- Etiketten

### Spagettiglas

Dieses Motiv wird ausgerissen. Bringen Sie es dann gemäß der Abbildung oder ganz nach Ihrem Geschmack auf dem Glas an.

**Material**

- Servietten mit Spagetti
- Vorratsglas, ø ca. 10 cm

## Küchenhelfer

Pausen Sie die Vorlage auf Transparentpapier ab. Mit Pauspapier und Kugelschreiber übertragen Sie sie dann auf den Metallgegenstand.
Die kleinen Frucht- und Gemüse-Motive können Sie beliebig auf den Gegenständen platzieren. Tragen Sie zuerst die Farbflächen auf, nach deren Trocknen ziehen Sie die Konturen in Schwarz. Malen Sie am besten immer nur drei bis vier Motive und lassen Sie diese dann trocknen um ein Verwischen der Farben zu vermeiden. Bei der Zitrone ist es übrigens sinnvoll, zuerst die weißen Stellen auszumalen. Benützen Sie die Vorlagen auch spiegelverkehrt, damit die Motive abwechslungsreicher wirken.

**Material**

- 3-stufige Etagere mit breitem Rand, ø 30 cm, 25 cm und 20 cm
- Metallschüssel, ø 25 cm
- Wasserfeste Filzstifte in Weiß, Gelb, Rot, Orange, Hellgrün, Grün, Violett, Braun, Schwarz
- Transparentpapier
- Pauspapier
- Kugelschreiber

**Vorlage Seite 117**

## MARMELADEN-GLÄSER

Aus grünem FIMO® mit einem Nudelholz eine Platte dünn auswellen und auf den Metalldeckel legen. Fest andrücken, aber darauf achten, dass sich das FIMO® nicht in das innere Deckelgewinde schiebt. Die Früchte beliebig modellieren: Grundform ist eine Kugel aus FIMO®. In die Erdbeeren mit einem Zahnstocher kleine Vertiefungen drücken und winzige gelbe FIMO®-Kügelchen darin platzieren.
Die Blätter formen, zusammen mit den Früchten auf dem Deckel arrangieren und gut festdrücken. Mitsamt dem Deckel im Backofen bei 130 °C ca. 20 bis 30 Minuten härten. Glasplatten, Alufolie oder Metallplatten sind ideale Unterlagen zum Härten.

**Material**

- Verschiedene Marmeladengläser mit Metalldeckel
- FIMO® in Grün, Rot, Lila, Gelb
- Nudelholz
- Zahnstocher

## Küchenuhr

Bohren Sie zwei Löcher in die Dachschindel: ein Loch zum Aufhängen und ein weiteres Loch für das Uhrwerk.
Dann bemalen Sie die Schindel mit Acrylfarbe in Creme. Nach dem Trocknen der Farbe verzieren Sie die Schindel wie abgebildet mit Serviettenmotiven (siehe dazu die Anleitung auf Seite 95 bis 97). Zuletzt montieren Sie das Uhrwerk.

**Material**

- Dachschindel
- Acrylfarbe in Creme
- Serviette mit Gemüse
- Serviettenkleber
- Uhrwerk
- Zeiger
- Band in Grün, 1 m lang
- Bohrmaschine
- Schere
- Silhouettenschere
- Zange

# BADEZIMMER

*Das Badezimmer ist der ideale Ort zum Relaxen. Mit einigen Handgriffen und verschiedenen Techniken können Sie ganz schnell eine Oase der Erholung schaffen. Sperren Sie den Alltag aus, entspannen Sie in individueller Atmosphäre und erfreuen Sie sich an selbst gemachten Highlights.*

## MARITIME BADEZIMMERGESTALTUNG

### Ideen mit Windowcolor

Der Umgang mit Windowcolor ist auf Seite 93 und 94 genau beschrieben.

**Behälter**
Alle Behälter werden nach dem gleichen Prinzip hergestellt. Ritzen Sie alle gestrichelten Linien mit einem Lineal und einer Sticknadel an. Nun markieren Sie mit einem Lackmalstift alle seitlichen Punkte. Diese sind auch nach dem Farbauftrag auf der Folienrückseite noch sichtbar. Das Bodenteil wird nicht bemalt.
Für den Behälter für Kosmetiktücher tragen Sie die Punkte der Seesterne mit silberner Konturenfarbe auf. Nach dem Trocknen schneiden Sie die Behälter aus und knicken die Seitenteile nach oben. Stanzen Sie mit einer Lochzange an den markierten Punkten die Löcher ein. Alle Behälter werden mit einer Kordel gemäß der Abbildung über Kreuz zusammengebunden.

### TIPP

*Bestreichen Sie die Enden der Kordel mit etwas Klebstoff und lassen Sie ihn trocknen. So können Sie die Kordel problemlos durch die Löcher ziehen.*

**Fensterecken**
Die Fensterecke malen Sie am besten auf Adhäsionsfolie.

**Material**

**für alle Objekte**
- Windowcolor-Konturenfarbe in Silber, Schwarz
- Windowcolor in Ultramarinblau, Hellblau

**für alle Behälter**
- Windowcolor in Perlmutt
- Sticknadel, Lineal
- Lochzange
- Lackmalstift in Weiß

**Kiste für Kosmetiktücher**
- Mobilefolie, A3, 0,4 mm stark
- Kordel in Weiß, 2 mm ø, 2 m lang

**Sechseckige Kiste**
- Mobilefolie, A2, 0,4 mm stark
- Kordel in Weiß, 2 mm ø, 2,72 m lang

**Fensterecke**
- Windowcolor in Weiß
- Adhäsionsfolie

**Vorlage Seite 116 bis 118**

## MARITIME BADEZIMMERGESTALTUNG

(Abbildung Seite 55)

### Vase

Kopieren Sie die Vorlage und schneiden Sie dann die Teile, die später farbig werden sollen, aus. Fixieren Sie sie mit etwas Klebefilm auf der Vase. Dann müssen Sie mit dem Folienstift die gesamten sichtbaren Schneckenteile ausmalen, damit eine Farbbasis für das Samtpulver geschaffen ist. Tragen Sie großzügig Samtkleber auf. Mithilfe des Teesiebes streuen Sie darüber reichlich Samtpulver. Nach ca. einer Stunde Trockungszeit schütten Sie das überschüssige Pulver auf ein Stück Papier ab und geben es dann zurück in Flasche. Nach mehreren Stunden können Sie die letzten überschüssigen Partikel abpusten oder mit einem feinen Pinsel entfernen.

**Material**

- Samtkleber in Transparent
- Samtpulver in Türkis
- Vase aus Zinkblech, 29 cm hoch
- Folienschreiber in Blau
- Teesieb

**Vorlage Seite 119**

## MEERESBEWOHNER

Alle Motive werden aus Klebefolie ausgeschnitten und die Negativ-Schablonen werden am gewünschten Ort aufgeklebt. Gehen Sie dabei wie in der Arbeitsanleitung auf Seite 98 und 99 beschrieben vor.

**Material**

- Vase aus blauem Glas, 15 cm x 12 cm x 9 cm
- Seifenspender aus blauem Hartplastik, ø ca. 9 cm, 19 cm hoch
- Schablonen aus Klebefolie
- Satinierfarbe in Silber

**Vorlage Seite 112**

# Flotte Waschmaschinen

Die genaue Arbeitsanleitung zum Arbeiten mit Windowcolor finden Sie auf Seite 93 und 94.

## Unterwasserwelt

Die Koralle und der Federstern werden mit roter bzw. weißer Konturenfarbe auf Adhäsionsfolie gemalt. Die schwarzen Streifen auf den Fischen werden mit Konturenfarbe ausgemalt.

### Material

- Windowcolor-Konturenfarbe in Schwarz, Weiß, Rot
- Windowcolor in Hell- und Dunkelblau, Gelb, Weiß, Rot, Hellgrün, Grün, Ocker, Orange, Braun
- Adhäsionsfolie

**Vorlage Seite 118 bis 120**

### Material

- Windowcolor-Konturenfarbe in Schwarz
- Windowcolor in Weiß, Hellblau, Blau, Türkis, Transparent
- Adhäsionsfolie

**Vorlage Seite 119**

## Welle

Auch die Welle sollten Sie auf Adhäsionsfolie arbeiten, damit Sie sie wieder gut ablösen können.

## MARITIME STIMMUNG

### Themenkette

Zum Umgang mit Windowcolor siehe Seite 93 und 94.
Das Quadrat wird auf Mobilefolie weiß konturiert und muss dann trocknen. Danach malt man den Innenteil mit Kristallklar aus und setzt die weiße Muschel in die noch nasse Farbe. Den äußeren Rand weiß ausmalen und die blauen Mosaiksteine aufsetzen. So hält nach dem Trocknen alles zusammen.
Mit der gleichen Methode werden die Deckel der zwei Glasbehälter gefertigt.

**Material**

- Windowcolor-Konturenfarbe in Blei, Weiß
- Windowcolor in Weiß, Rot, drei verschiedene Blautöne, Kristallklar, Schwarz
- Mobilefolie
- Nylonfaden
- 1 Muschel
- 1 Wachsperle in Weiß, ø 12 mm
- Mosaik-Glassteine in Hell- und Mittelblau
- Kordel in Weiß, 30 cm lang

**Vorlage Seite 122 bis 123**

### Muscheln und Co.

Malen Sie die Motive auf Träger- oder Adhäsionsfolie. Deckel der Behälter siehe oben.

**Material**

- Träger- oder Adhäsionsfolie

**Möwe**

- Windowcolor-Konturenfarbe in Blei
- Windowcolor in Weiß, Rot, Hellblau

**Muscheln und Co.**

- Windowcolor-Konturenfarbe in Weiß
- Windowcolor in Kristallklar, Hellblau, Dunkelblau, Schwarz

**Vorlage Seite 121 bis 122**

## AN DER NORDSEEKÜSTE

Wie Sie mit Windowcolor arbeiten, ist auf Seite 93 und 94 genau beschrieben.

Malen Sie die Motive für den Raumhänger auf Windradfolie. Umwickeln Sie den Schwimmreifen mit der Kordel und befestigen Sie diese mit etwas Heißkleber. Nun werden die Klangstäbe mit Nylonfaden am Reifen befestigt und der Raumhänger zusammengefügt.

Die Borte wird auf Adhäsionsfolie gearbeitet. Streuen Sie die Glaskügelchen gemäß der Abbildung in die noch feuchte Farbe.

**Material**

- Windowcolor-Konturenfarbe in Silber
- Windowcolor in verschiedenen Blautönen, Weiß, Grau, Gelb, Beige
- 3 Klangstäbe
- Seil in Natur, 50 cm lang
- Glaskügelchen, transparent
- Nylonfaden
- Windradfolie
- Adhäsionsfolie

**Vorlage Seite 114 und 115**

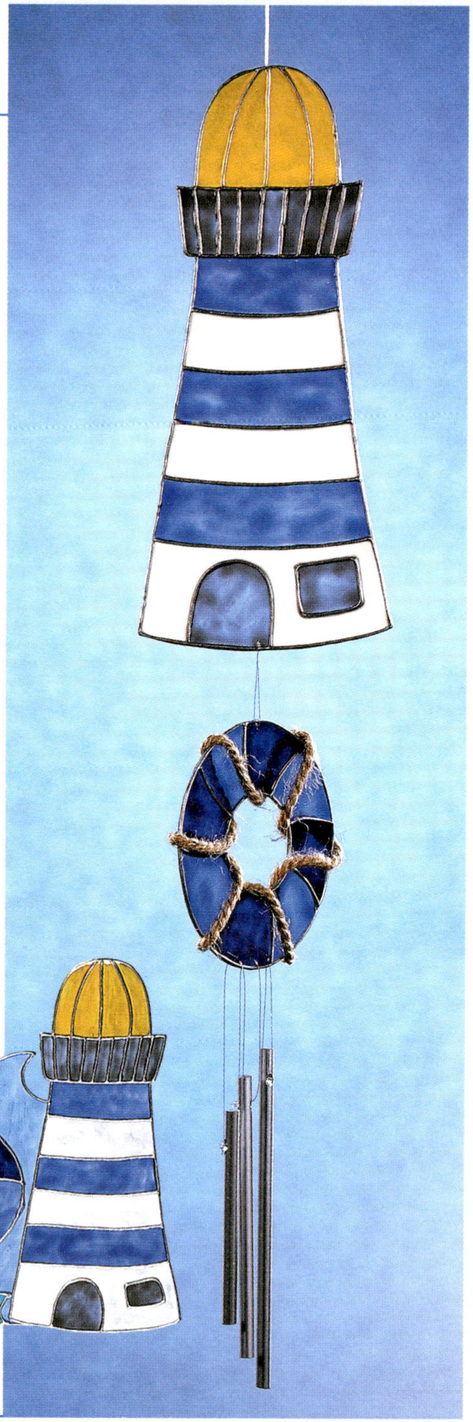

# Eine frische Brise

## Wandgestaltung mit Muscheldekor

Die Höhe für die Muschelbordüre genau ausmessen und mit Malerband markieren. Darüber die Schablone fixieren und die Öffnungen blau ausstupfen (Anleitung Seite 42).
Wenn Sie alle Öffnungen ausgefüllt haben, lösen Sie die Schablone vorsichtig von der Wand und befestigen sie ohne Abstand direkt neben dem aufgemalten Muster. Verfahren Sie so, bis Sie die Bordüre über die gesamte Länge schabloniert haben.

### Material

- Raufaser, grob
- Spezialkleister
- Dispersionsfarbe in Weiß
- Schablone mit Muscheln, Schnecken und/oder Seesternen
- Schablonierfarbe oder Decormatt in Dunkelblau

## Regal und Holzzuber

Alles abdecken und das Holzregal zweimal mit Acrylfarbe streichen. Lassen Sie die Farbe trocknen. Die Vorlagen für die kleinen Muscheln, Schnecken und Seesterne auf eine Klarsichthülle übertragen und die Motive mit dem Cutter ausschneiden (Anleitung Seite 42). (Fortsetzung Seite 62)

(Fortsetzung von Seite 61)

Lassen Sie um jedes Motiv ca. 2 cm Folie stehen.
Die besprühte Folie seitlich auf das Regal kleben und die Öffnungen mit Schablonierfarbe blau ausstupfen (Anleitung Seite 42). Die Schablone vorsichtig abheben und erneut anbringen, bis alle gewünschten Motive auf die Regalseite schabloniert sind. Dann folgt die zweite Seite.
Den Holzzuber zweimal mit der Decormattfarbe streichen. Lassen Sie die Farbe trocknen. Beginnen Sie in der Mitte des Zubers mit dem Schablonieren. Legen Sie die erste Schablone auf das Holzteil und stupfen Sie die Öffnungen mit Schablonierfarbe aus. Jetzt die nächste Schablone mit etwas Zwischenraum daneben anlegen und ausfüllen. Achten Sie auf eine gleichmäßige Verteilung der Einzelmotive um den Zuber.

**Material**

- Holzregal, naturbelassen
- Holzzuber, naturbelassen
- Acrylfarbe in Weiß
- Decormattfarbe in Weiß
- Pinsel, rund, Nr. 6
- Schablonierfarbe in Aquamarinblau
- Klarsichthülle
- Wasserfester Filzstift
- Cutter mit Schneideunterlage

**Vorlage Seite 105**

## Frotteetücher

Befestigen Sie das Tischband mit Malerkrepp auf einer abgedeckten Tischplatte. Auf das Band die ausgeschnittenen Schablonen (Herstellung Seite 42) legen und diese mit Malerkrepp auf der Tischplatte befestigen, sodass nichts verrutschen kann.
Stupfen Sie die Öffnungen mit Stoffmalfarbe aus. Übertragen Sie viermal fünf verschiedene Motive nebeneinander auf das Tischband, lassen Sie dabei ca. 10 cm Zwischenraum zwischen den einzelnen Motivgruppen. Diesen Zwischenraum benötigen Sie, um das Tischband seitlich um das Frotteetuch zu legen. Nähen Sie das Tischband auf Vorder- und Rückseite oben und unten am Frotteetuch fest. Das Ende des Bandes seitlich einschlagen und senkrecht feststeppen.

**Material**

- Frotteetuch in Dunkelblau, 50 cm x 100 cm
- Tischband in Weiß, 5 cm breit
- Stoffmalfarbe in Blau
- Nähseide in Weiß
- Nähmaschine oder Nähnadel
- Malerkrepp
- Klarsichthülle
- Wasserfester Filzstift
- Cutter mit Schneideunterlage

**Vorlage Seite 105**

# NEPTUNS HAKEN

## Krakulus

Den Kopf modellieren Sie leicht oval und aus den Armkugeln formen Sie etwa 6 cm lange Rollen, die an einem Ende spitz auslaufen. Nun die Arme mit dem dicken Ende unter dem Kopf andrücken und in Form bringen. Ein Armende etwas länger arbeiten und als Haken nach oben biegen. Die pastellblauen Kugeln oval flach drücken, auf das Gesicht setzen und darauf die Halbperlen fixieren. Mit der Spitze einer Kugelschreiberhülle den Mund und die Strukturkreise eindrücken.
Nach dem Aushärten im Backofen (ca. 30 Min. bei 130 °C auf einem mit Backpapier ausgelegtem Backblech) alles lackieren und in den noch feuchten Lack Glaskügelchen streuen. Zum Abschluss hinten eine Klebeöse fixieren.

**Material**

- FIMO® in Brillantblau, Pastellblau
- 2 Halbperlen in Schwarz, ø 5 mm
- Klebeöse, ø 32 mm
- Kugelschreiberhülle
- UHU-Alleskleber Kraft

## Seesternchen

Die marmorierte Kugel flach drücken, fünf Arme abteilen und modellieren. Auch hier Strukturlinien einritzen und mit der Spitze einer Kugelschreiberhülle Kreise eindrücken. Die kleinen, gelben Kügelchen mit einem Zahnstocher auf dem Seestern verteilen.
Fertigstellung siehe Krakulus.

**Material**

- FIMO® in Mandarine, Sonnengelb
- Acrylmattlack auf Wasserbasis, farblos
- Transparente Glaskügelchen, ø 1,5 mm
- Klebeöse, ø 32 mm
- Zahnstocher
- Kugelschreiberhülle
- UHU-Alleskleber Kraft

**Vorlage Seite 118**

## Fischly

Die apfelgrüne Kugel in der hohlen Handfläche oval und gewölbt zum Fischkörper arbeiten. Die Rückseite muss flach sein.
Die Rücken- und die Bauchflosse werden blattförmig modelliert. Die Strukturlinien ritzen Sie mit einem Zahnstocher ein und bringen alles fest am Körper an.
Für die Schwanzflosse aus der Kugel zwei Flossen formen und diese dann überlappend zusammensetzen. Die Verbindungsstelle glätten, Strukturlinien einritzen und etwas gewölbt an den Körper setzen.

Den Mund anbringen, die beiden Augenkugeln flach drücken, aufeinander setzen und zusammen mit der Halbperle platzieren. Mit dem Rand einer Stiftkappe drücken Sie Schuppen in den Körper und setzen die zu flachen Tropfen geformten Schuppenkugeln plastisch auf.
Fertigstellung
siehe Krakulus.

**Material**

- FIMO® in Apfelgrün, Brillantblau, Mandarine
- 1 Halbperle in Schwarz, ø 5 mm
- Acrylmattlack auf Wasserbasis, farblos
- Glaskügelchen in Transparent, ø 1,5 mm
- Klebeöse, ø 32 mm
- Zahnstocher
- Stiftkappe
- Kugelschreiberhülle
- UHU-Alleskleber Kraft

**Vorlage Seite 118**

## FISCHSCHWARM

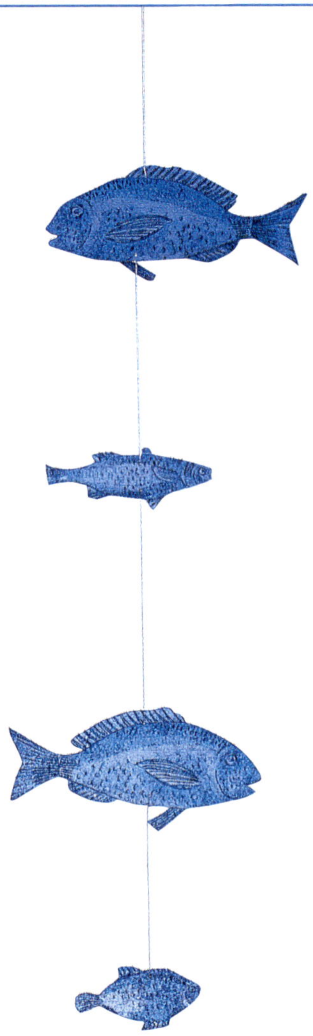

Die Anleitung zur Serviettentechnik finden Sie auf Seite 95 bis 97.

### Kette mit Fischen

Kleben Sie die grob ausgeschnittenen Fische auf die Folie. Nach dem Trocknen werden sie exakt ausgeschnitten.
Mithilfe der Nadel ziehen Sie silbernes Garn durch die Fische und hängen sie untereinander auf.

**Material**

- Servietten mit Fischen
- Mobilefolie
- Nähnadel
- Garn in Silber
- Serviettenkleber
- Pinsel

### Utensilien-Kiste

Streichen Sie die Kiste zunächst mit weißer Acrylfarbe. Diesen Vorgang wiederholen Sie so oft, bis die ursprünglichen, oft recht bunten Motive auf der Kiste nicht mehr zu sehen sind. Dann bringen Sie mit dem Stupfpinsel ungleichmäßig hellblaue Farbe auf.
Nach dem Trocknen werden die Fische aufgebracht.

**Material**

- Servietten mit Fischen
- Acrylfarbe in Weiß und Hellblau
- Kleine Obstkiste
- Stupfpinsel, Pinsel
- Serviettenkleber

### Bilderrahmen

Grundieren Sie den Bilderrahmen ganz leicht mit weißer Acrylfarbe, die mit Wasser verdünnt wurde. Dann kleben Sie die ausgeschnittenen Fische nach Geschmack auf.

**TIPP**

*Wenn Sie sich einen Arbeitsschritt sparen wollen, kaufen Sie einen schon weiß grundierten Rahmen.*

**Material**

- Servietten mit Fischen
- Acrylfarbe in Weiß
- Bilderrahmen aus grobem Holz, 28 cm x 33 cm
- Serviettenkleber
- Pinsel

# SCHLAF-ZIMMER

*Ein schön gestaltetes Schlafzimmer ist nicht nur zum Schlafen da. Es ist auch ein idealer Rückzugsort zum ungestörten Relaxen, Schmökern und Träumen. Umgeben von selbst gemachten Accessoires lässt es sich wunderbar entspannen. Mit den Kreativ-Ideen auf den folgenden Seiten können Sie sich eine traumhafte Oase der Ruhe schaffen.*

## ROSENTRAUM

Die Anleitung zur Serviettentechnik finden Sie auf Seite 95 bis 97.

### Bild

Mithilfe des Passepartouts suchen Sie den Ausschnitt aus der Serviette aus, der Ihnen am besten gefällt. Nun wird die oberste Serviettenschicht in der Größe des gesamten Bildes ausgeschnitten und auf Vliesofix® gebügelt.
Wenn Sie das Motiv über den Passepartoutrand laufen lassen möchten, zeichnen Sie die Stelle auf dem Motiv mit einem Strich-Ex-Stift an. Die Rose wird bis zu dieser Stelle ausgeschnitten. Beim Einlegen in das Passepartout klappen Sie dann die ausgeschnittene Rose zur Mitte und dann zurück auf den Passepartoutrand. Jetzt kann das überlappende Motiv auf den Rand gebügelt werden, bevor Sie den Rahmen zusammensetzen.

**Material**

- Servietten mit Rosenmotiv
- Passepartout-Bilderrahmen
- Strich-Ex-Stift
- Vliesofix®
- Serviettenkleber für Textilien
- Pinsel

## ROSENTRAUM

(Abbildung Seite 66/67)

### Glasvase

Bringen Sie die Rosenmotive wie abgebildet auf der Glasvase an.

**Material**
- Servietten mit Rosenmotiv
- Eckige Glasvase
- Serviettenkleber
- Pinsel

### Vorhang

Zur besseren Verteilung der Rosenblüten, Knospen und Blätter legen Sie den Vorhangstoff auf den Boden. Nun können Sie die Motive so lange hin und her legen, bis Ihnen die Anordnung gefällt.
Auch das Aufbügeln der Motive geht am einfachsten auf dem Boden, nachdem Sie eine Decke und ein dickeres Leinen- oder Baumwolltuch untergelegt haben. Die Einstellung des Bügeleisens richtet sich nach dem Gewebe des Vorhangs. Legen Sie beim Bügeln unbedingt Backpapier auf das Motiv!

**Material**
- Servietten mit Rosenmotiv
- Vorhangstoff
- Serviettenkleber für Textilien
- Pinsel

### Herzdose

Streichen Sie die Dose zuerst mit der weißen Farbe und lassen Sie diese gut trocknen. Geben Sie dann ein wenig weiße und orangerote Farbe auf einen Teller. Mit einem Schwamm tupfen Sie so die beiden Farben auf, dass sie sich nicht vermischen. Nun wird die so aufgenommene Farbe auf die Dose getupft.
Achten Sie darauf, nicht zu oft über eine schon bearbeitete Fläche zu gehen, damit sich die Farben nicht zu sehr vermischen. Verzieren Sie auf diese Art und Weise auch den Rand des Passepartout-Ausschnitts. Kleben Sie das Rosenmotiv mit Serviettenkleber in den Bildausschnitt.

**Material**
- Servietten mit Rosenmotiv
- Dispersions- oder Bastelfarbe in Weiß und Orangerot
- Herzdose aus Pappe mit Passepartout-Ausschnitt
- Serviettenkleber
- Pinsel
- Teller
- Schwamm

### Kissen

Bringen Sie die Rosenmotive wie abgebildet auf dem Kissen an.

**Material**
- Servietten mit Rosenmotiv
- Kissenbezug
- Serviettenkleber für Textilien
- Pinsel

### Kerze

Bringen Sie die Rosenmotive wie abgebildet auf der Kerze an.

**Material**
- Servietten mit Rosenmotiv
- Große, quadratische Kerze in Weiß
- Serviettenkleber
- Pinsel

## Lichterkette Sternennebel

Lochen Sie die nach Vorlage zugeschnittenen Laternenschirme an den beiden Außenrändern mit dem Motivlocher. Alternativ können die Sterne auch mit einem Cutter ausgeschnitten werden. Tragen Sie mit dem Glitterpen Sternenkonturen und Zierpunkte auf. Nach dem Trocknen auf der Innenseite einen Streifen Fotofilm auf die Kante kleben und den Schirm trichterförmig um den Lampenhals kleben. Achten Sie darauf, dass der obere Abschluss am Kabel so eng wie möglich gehalten wird, so kann der Schirm nicht herunterrutschen.

**Material**

- Transparentpapier, 20 cm x 50 cm: Sternennebel
- Glitterpen in Gold
- Motivlocher: Stern
- Fotofilm, doppelseitig klebend: transparent

**Vorlage Seite 116**

## Accessoires in Blau und Grün

Zum Umgang mit Filz und weitere benötigte Materialien siehe Seite 98.

### Kästchen

Bemalen Sie das Kästchen mit der Bastelfarbe und lassen Sie diese gut trocknen. Die Schubladen des Kästchens haben zum Öffnen oben kleine Einbuchtungen. Damit diese nicht zu sehen sind, drehen Sie die Schubladen einfach um und verzieren deren Rückseite. Bohren Sie mithilfe der Stopfnadel in ihre Mitte ein kleines Loch. Bekleben Sie eine Schublade mit hellgrünem, eine mit hell- und eine mit dunkelblauem Filz (ca. 14,5 cm x 6,3 cm). Dann schneiden Sie die Bordüren gemäß der Vorlage und der Abbildung zu und kleben sie aufeinander.
Nun bringen Sie Rocailles und Pailletten an; Sie können sie aufnähen oder aufkleben. Anschließend kleben Sie die fertigen Borten auf die Schubladen. Überstehende Ränder schneiden Sie mit einer spitzen Schere ab.
Als Griffe ziehen Sie die Glasperlen mittig auf den Draht und führen diesen in die gleiche Richtung nochmals durch die Perle, damit sie fixiert ist. Zuletzt stecken Sie den Draht durch den Filz in das Loch und verdrehen ihn auf der Innenseite der Schublade gut.

**Material**

- Holzkästchen mit drei Schubladen, 21,5 cm x 16 cm x 14,5 cm
- Bastelfarbe mit Metalleffekt in Hellblau
- Filz in Hell- und Dunkelblau, Hellgrün
- 8 Pailletten, gewölbt, in Hellblau
- 12 Pailletten, gewölbt, in Dunkelgrün
- 4 Pailletten in Dunkelblau
- 30 Rocailles in Hellgrün, 4 in Hellblau, 8 in Dunkelblau
- 12 Glasstifte in Hellgrün, 1 cm lang
- 3 Glasperlen in Hellblau, ø 1 cm
- Silberdraht, 3 x 12 cm
- Zackenschere
- Stopfnadel
- Pinsel
- Holzleim

**Vorlage Seite 125**

### Kerzenhalter

Den Kerzenhalter bestreichen Sie ringsum mit Acrylfarbe und lassen die Farbe gut trocknen. Dann schneiden Sie zwei Filzstreifen, in Hellgrün (3 cm x 30,5 cm) an einer Längsseite mit der Zackenschere ausgeschnitten, und in Dunkelgrün (1 cm x 30,5 cm), zu. Damit bekleben Sie den Kerzenhalter.

**Material**

- Holzkerzenhalter, 9 cm hoch, 7,5 cm breit
- Filz in Hellgrün und in Dunkelgrün
- Acrylfarbe in Perlweiß
- Borstenpinsel
- Holzleim

### Blütenlämpchen

Die Blütenkränze schneiden Sie in verschiedenen Formen (siehe Vorlage) aus Filz aus und kleben sie am oberen Rand des Glaslampenschirms fest. Schneiden Sie noch einen kleinen, schmalen Streifen dunkelgrünen Filz (16 cm x 1 cm) mit der Zackenschere aus und kleben Sie diesen als hübschen Abschluss auf die Blüte.
Die Blätter werden aus hell- und dunkelgrünem Filz ausgeschnitten, am Lampenstiel mit Holzleim festgeklebt und mit einem schmalen Streifen Filz am unteren Ende mehrfach umwickelt. Zuletzt zupfen Sie die Blätter in Form.

**Material**

- Teelichtständer mit Glaslampenschirm in Grün, 24 cm hoch
- Filz in Hell- und Dunkelgrün, Hellblau
- Zackenschere
- Holzleim

**Vorlage Seite 124 und 125**

## Bilderrahmen

Schneiden Sie zehn hellblaue (2 cm x 2 cm) und zehn hellgrüne (1 cm x 1 cm) Quadrate aus Filz aus und kleben Sie diese aufeinander. Aus etwas auseinander gezogenem hellblauen Filz knüllen Sie kleine Kügelchen und kleben sie ebenfalls auf. Dann werden die Quadrate auf dem Rahmen befestigt.

**Material**

- Holzbilderrahmen, hellgrün lasiert, 16,5 cm x 21,5 cm
- Filz in Hellblau und Hellgrün
- Holzleim

## SCHLAFZIMMERGESTALTUNG „TULPE"

Die Serviettentechnik ist auf Seite 95 bis 97 ausführlich erklärt.

### Kleiner Tisch bzw. Tablett

Bestreichen Sie die Unterseite des Tabletts mit weißer Dispersionsfarbe. Bekleben Sie dann die Oberseite des Tabletts mit dem Tulpenmotiv. Das Tablett sollte unbedingt auf beiden Seiten lackiert werden, damit es nicht verkratzt.

### Schlaf-Shirt

Bringen Sie das Tulpenmotiv wie abgebildet auf dem T-Shirt auf.

### TIPP

*Seien Sie beim Waschen vorsichtig (Schonwaschgang, kein Schleudern!). Bügeln Sie das T-Shirt immer von links und legen Sie vorsichtshalber Backpapier dazwischen.*

### Glasvase

Bekleben Sie eine Seite der Glasvase wie abgebildet mit dem Tulpenmotiv.

### Vorhang

Zur besseren Verteilung der Tulpenblüten und -blätter legen Sie den Vorhangstoff auf den Boden. Nun können Sie die Motive so lange hin und her legen, bis Ihnen die Anordnung gefällt.
Auch das Aufbügeln der Motive geht am einfachsten auf dem Boden, nachdem Sie eine Decke und ein dickeres Leinen- oder Baumwolltuch untergelegt haben.
Die Einstellung des Bügeleisens richtet sich nach dem Gewebe des Vorhangs. Legen Sie beim Bügeln unbedingt Backpapier auf das Motiv!

### Kissen

Bringen Sie die Tulpen wie abgebildet auf dem Kissenbezug auf.

**Material**

- Servietten mit Tulpen
- Pinsel
- Serviettenkleber
- Serviettenkleber für Textilien
- Dispersionsfarbe in Weiß
- Kleiner Tisch mit abnehmbarem Tablett aus transparentem Kunststoff
- Großes T-Shirt
- Eckige Glasvase
- Vorhangstoff
- Kissenbezug

## Das Grundprinzip der Traumfänger

**1.** Umwickeln Sie den Reifen mit einem Band Ihrer Wahl (siehe Abbildung 1) und verknoten Sie die Enden fest miteinander. Schneiden Sie das restliche Bandstück für die Aufhängung auf die gewünschte Länge zurecht.

**2.** Knoten Sie das eine Ende des Garns, Zwirns oder der Angelsehne fest an eine beliebige Stelle des umwickelten Reifens und fädeln Sie das andere Ende auf eine Nadel. Nun führen Sie die Nadel von hinten nach vorne über den Reifen durch die Schlaufe, die sich dadurch gebildet hat (siehe Abbildung 2). Diesen Vorgang wiederholen Sie so oft, bis Sie ein Mal um den ganzen Reifen herum sind.

**3.** Wenn Sie wieder bei der ersten Schlaufe ankommen, stechen Sie mit der Nadel von vorne nach hinten durch diese hindurch (siehe Abbildung 3). Machen Sie auf diese Art und Weise so lange weiter, bis sich das Netz schließt.

**4.** Arbeiten Sie währenddessen die Perlen ein (siehe Abbildung 4). Sie können die Perlen entweder lose auffädeln oder genau an einer bestimmten Stelle fixieren, indem Sie mit dem Garn eine Schlaufe in die Perle machen, bevor Sie zur nächsten Schlaufe im Netz übergehen. Wenn Sie wollen, können Sie mit den Perlen ein Muster bilden. Ein anderes Muster im Netz erhalten Sie, wenn Sie beim Auffädeln z.B. eine Schlaufe auslassen.

**5.** Zum Schluss, wenn das Netz geschlossen ist, muss das Garn-, Zwirn- oder Angelsehnenende fest verknotet werden.

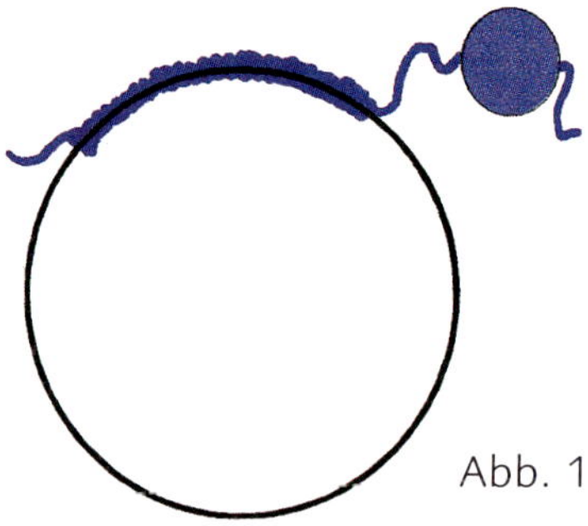
Abb. 1

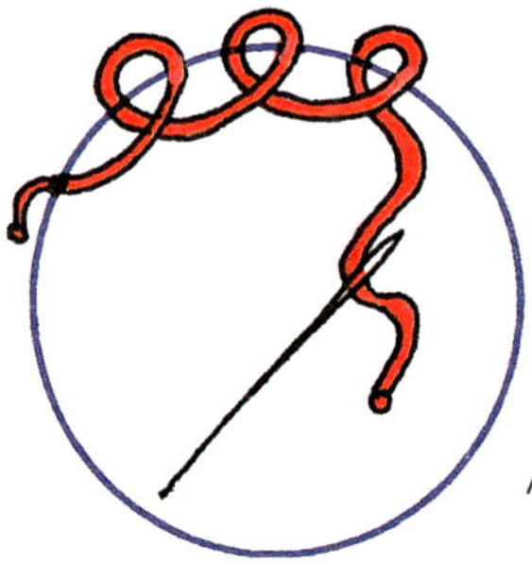
Abb. 2

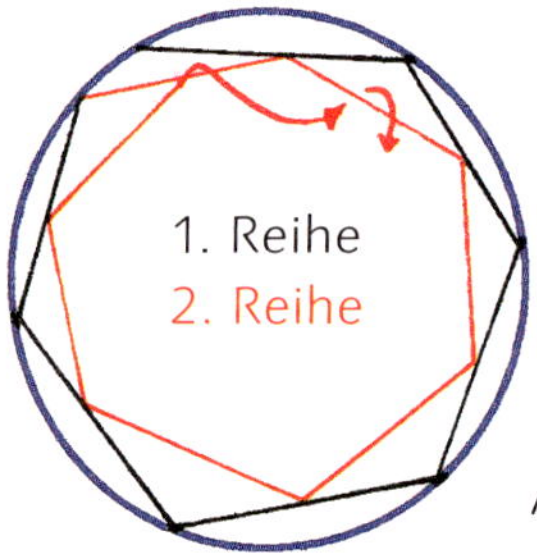

Abb. 3

Abb. 4

### Tipps

*Halten Sie das Garn, den Zwirn oder die Angelsehne während der ganzen Zeit immer schön straff. Nur so können Sie sicherstellen, dass sich das Netz nicht aus Versehen verknotet. Außerdem können Sie nur so gut erkennen, wo Sie die nächste Schlaufe machen müssen. Straff halten Sie das Garn am besten, indem Sie es zwischen die Finger der Hand klemmen, mit welcher Sie den Reifen festhalten. Ziehen Sie jedoch nicht zu fest, damit es nicht reißt.*

*Sollte die Angelsehne oder das Garn reißen oder nicht reichen, so können Sie ein neues Stück anknoten und ggf. versuchen, den Knoten mit einer Perle zu verdecken.*

## Blauer Traumfänger

Umwickeln Sie den Reifen mit Paketschnur und spannen Sie Ihr Netz hinein. In der zweiten Reihe arbeiten Sie drei kleine dunkelblaue Perlen ein. In der übernächsten Reihe arbeiten Sie leicht versetzt drei kleine mittelblaue Perlen ein. In die Mitte kommen vier kleine hellblaue Perlen. Schneiden Sie von der Schur drei ca. 11 cm lange Stücke ab. Machen Sie an das Ende jedes Stücks einen Knoten und fädeln Sie dann jeweils erst eine dunkel-, dann eine mittel- und zum Schluss eine hellblaue kleine Holzperle auf. Machen Sie einen Knoten und fädeln Sie wieder drei Perlen auf, dieses Mal von hell- über mittel- nach dunkelblau. Darauf folgt bei zwei Schnurstücken im Abstand von ca. 4 cm ein weiterer Knoten, über den wieder drei Perlen von hell- bis dunkelblau aufgefädelt werden. Beim letzten Schnurstück lassen Sie den Abstand in der Mitte ein bisschen länger. Binden Sie die beiden Stücke mit dem kürzeren Abstand links und rechts an den Traumfänger und das Stück mit dem längeren Abstand in die Mitte. Hängen Sie dazwischen zwei kurze Schurstücke, auf die ebenfalls drei Perlen aufgefädelt wurden. Links und rechts an den Seiten befestigen Sie jeweils zwei kurze Schnurstücke, auf die kleine Perlen von dunkel- bis hellblau und eine große hellblaue Perle aufgefädelt worden sind. Für die Aufhängung benötigen Sie ebenfalls Paketschnur, die Sie wie abgebildet mit den großen Perlen verzieren.

**Material**

- 1 Reifen, ø 20 cm
- Paketschnur
- Garn in Blau
- 19 runde Holzperlen in Hellblau, ø 5 mm
- 18 runde Holzperlen in Mittelblau, ø 5 mm
- 18 runde Holzperlen in Dunkelblau, ø 5 mm
- 5 runde Holzperlen in Hellblau, ø 7 mm
- 3 runde Holzperlen in Himmelblau, ø 7 mm
- 3 runde Holzperlen in Mittelblau, ø 7 mm
- 3 runde Holzperlen in Dunkelblau, ø 7 mm
- 4 lange Federn in Naturtönen
- 5 Federn in Blau

# KINDER-ZIMMER

*Kinder lieben fröhliche, bunte Zimmer, in denen sie toben, spielen und kuscheln können. Mit ein paar kreativen Ideen und etwas Zeit schaffen Sie Ihren Kleinen ein tolles, eigenes Reich.*

## PRINZ UND PRINZESSIN

### Spieglein, Spieglein an der Wand

Zuerst bemalen Sie den Rahmen mit der gewünschten Bastelfarbe und lassen ihn gut trocknen. Dann übertragen Sie die Motive mit Kohlepapier auf Tonpapier, schneiden Sie aus und kleben die sorgfältig ausgeschnittenen Teile zusammen. Arme, Beine und Hals werden jeweils aus einem Stück Draht gebogen. Die Zöpfe der Prinzessin verzieren Sie mit einer kleinen Schleife aus rotem Band. Als besonderen Effekt kleben Sie die Nase mit Abstandsklebepads auf – das wirkt plastischer. Kleben Sie die Figur auf den Spiegelrahmen. Nun klecksen Sie ein paar Farbtupfer auf die Palette, den Pinsel und den Rahmen. Falls es der kleine Künstler besonders wild liebt, zeugt der eine oder andere zusätzliche Farbfleck auf dem Rahmen von farbenfrohem Schaffensdrang.

**Material**

- Spiegel mit breitem Rahmen
- Bastelfarbe in Weiß, Gelb, Rot, Blau, Lila, Grün
- Tonkarton in Schwarz, Weiß, Gold oder Silber, Hautfarbe, Gelb, Rot, Hellblau, Dunkelblau, Hellgrün, Dunkelgrün
- Silberdraht, fein, Reste
- Schleifenband in Rot, 3 mm breit, 2 x 13 cm (Prinzessin)
- Abstandsklebepads
- Kohlepapier

**Vorlage Seite 127**

## Majestät spielt am laufenden Meter ...

(Abbildung Seite 76/77 und oben)

Tapeten lassen sich auch nachträglich mit Bordüren verzieren. Allerdings ist es bei detailreichen Motiven bequemer, sie auf einem Tisch zu bemalen als an der Wand.
Übertragen Sie die Zeichnung von der Vorlage mithilfe von Kohlepapier sorgfältig auf die auf 11 cm Breite zugeschnittene Tapetenbahn. Anschließend zeichnen Sie die Umrisse mit wasserfestem, schwarzem Stift nach. Bemalen Sie zunächst alle Flächen einer Farbe, bevor Sie eine neue Farbe wählen. Ist alles koloriert, werden die schwarzen Linien noch einmal nachgezogen um kleine Unebenheiten auszugleichen. Alles gut trocknen lassen!
Ziehen Sie an der Wand auf gewünschter Höhe mit Bleistift eine waagerechte Hilfslinie. Bestreichen Sie die Bordüre mit Tapetenkleister und kleben Sie Ihr Dekostück an die Wand. Drücken Sie die Bordüre mit einer Tapetenwalze an, damit sie weder Blasen wirft noch Knicke bildet. Feuchten Tapetenkleister an den Rändern entfernen Sie sofort mit einem leicht feuchten Lappen.

**Material**

- Tapete mit wenig Struktur in Weiß, 1 Rolle
- Bastelfarbe (wasserfest) in Schwarz, Weiß, Gold oder Silber, Hautfarbe, Gelb, Rot, Blau, Grün
- Tapetenkleister
- Kohlepapier

**Vorlage Seite 126**

## GUCK MAL, WER DA FLIEGT

Auf Seite 91 und 92 ist das Arbeiten mit Holz genau beschrieben. Legen Sie den verzinkten Draht zum Zurechtbiegen auf die Vorlage. Die Ösen am Anfang und am Ende des Bügels biegen Sie mit der Rundzange. Sägen Sie die Motivteile aus, bemalen Sie sie gemäß der Abbildung und bearbeiten Sie sie nach dem Trocknen mit Schleifpapier. Anschließend legen Sie beidseitig die Arme an den Engelrumpf und ziehen ein 25 cm langes Silberdrahtstück durch die Bohrungen. Nun ziehen Sie auf die Drahtenden A und B jeweils einen Flügel, das Drahtende A stecken Sie von hinten durch die Rückenbohrung (Schritt 1 und 2), ebenso das Drahtende B (Schritt 3). Ziehen Sie die Drahtenden fest an, verdrillen Sie sie und schneiden Sie ein Drahtende ab. Mit dem anderen Drahtende befestigen Sie den Engel später am Drahtbügel. Für die Haare stecken Sie fünf bis sechs Blumendrahtstücke (je ca. 2 cm lang) in die Bohrung im Kopf. Fädeln Sie alle Sterne auf einen 2 m langen Silberdraht und umwickeln Sie den Drahtbügel sieben Mal bis zum ersten Stern. Anschließend wird der Bügel bis zum nächsten Stern erneut fünf bis sieben Mal umwickelt usw., bis alle Sterne angebracht sind.

**Material**

- Sperrholz, 5 mm dick (Kopf und Rumpf)
- Sperrholz, 3 mm dick (Arme, Flügel, Sterne)
- Verzinkter Draht, ø 1,6 mm, 78 cm lang
- Silberdraht, ø 0,5 mm
- Geglühter Blumendraht, ø 0,35 mm (Haare)
- Matte Bastelfarbe in Beige, Weiß, Mittelblau und Hellgelb
- Bohrer, ø 1 mm
- Rundzange

**Vorlage Seite 113**

## TÜRSCHILD „HIER WOHNE ICH"

Alle Teile werden mit Kohlepapier von der Vorlage auf den Tonkarton übertragen und ausgeschnitten. Fügen Sie wie abgebildet die Elemente des Bildes zusammen.
Die Zöpfe der Prinzessin flechten Sie aus Bast, binden sie mit Schleifenband zusammen und befestigen sie mit Heißkleber hinten am Kopf. Bevor Sie den Kopf auf dem hellgrünen Hintergrund montieren, fädeln Sie kleine Goldperlen auf ein Stück doppeltes Nähgarn oder Nylonfaden, verknoten die Kette und legen sie der Prinzessin um den Hals. Der Prinz bekommt eine Fliege aus Bast.
Als Nase setzen Sie dem Prinzen oder der Prinzessin eine Holzperle ins Gesicht. Nun müssen Sie nur noch die Schrift mithilfe eines Computerausdrucks oder eines Filzstifts aufbringen.

**Material**

- Tonkarton
  **Prinz:** in Blau (DIN A4); Schwarz, Weiß, Silber, Hautfarbe (Reste)
  **Prinzessin:** in Hellgrün (DIN A4); Schwarz, Weiß, Gold, Hautfarbe (Reste)
- Bast in Natur
- Holzperle in Natur oder Hautfarbe, ø ca. 1,5 cm
- Kohlepapier
- **Für die Prinzessin:** Schleifenband in Hellgrün, 3 mm breit, 2 x 13 cm; 5 Perlen in Gold, ø ca. 8 mm

**Vorlage Seite 128 und 129**

## Schutzengel für Lena

Der Umgang mit Holz und weitere benötigte Materialien sind auf Seite 91 und 92 ausführlich beschrieben.

Sägen Sie die Motivteile aus, bohren Sie die notwendigen Löcher und glätten Sie die gesamte Oberfläche mit Schleifpapier.
Die Holzkugel wird beige grundiert. Zeichnen Sie das Gesicht mit Bleistift vor und mit Filzstift nach. Mit einem Farbstift können Sie die Wangen röten. Alle Teile werden komplett mit matter Bastel- oder Dispersionsfarbe bemalt. Die Farbe wird mit dem Borstenpinsel in Richtung der Holzmaserung aufgetragen. Nach dem Trocknen schleifen Sie vor allem die Ränder mit Schleifpapier nach, so dass das Holz durchschimmert. Um den „used-look" zu erreichen, wird alles quer zur Maserung geschliffen.
Die Füße werden mit 5 cm langen Drahtstücken befestigt, die Drahtenden miteinander verdreht und abgezwickt. Stecken Sie ein 10 cm langes Drahtstück durch die Bohrungen von einer Hand und einem Ärmel, so dass etwa 2 cm überstehen. Verdrehen Sie die beiden Drahtenden miteinander, das kurze schneiden Sie ab, das lange stecken Sie durch die Bohrung im Flügel. Mit der anderen Seite verfahren Sie genauso. Verdrehen Sie die beiden Drahtenden auf der Rückseite miteinander und kürzen Sie sie. Ziehen Sie ein 20 cm langes Drahtstück zur Hälfte durch die Halsbohrung. Führen Sie die beiden Drahtenden durch den Kopf und den kleinen Stern. Ein Drahtende wird durch die untere Bohrung des Namenssterns gesteckt und auf der Rückseite mit dem anderen Drahtende verdreht.
Den beliebig langen Aufhängedraht ziehen Sie durch die obere Bohrung.

### Material

- Sperrholz, 5 mm dick (Körper, Hände, großer Stern)
- Sperrholz, 3 mm dick (Flügel, Füße, kleiner Stern)
- Rohholzperle, ø 20 mm (Kopf)
- Matte Bastelfarbe in Weiß, Hellgelb, Beige
- Geglühter Blumendraht, ø 0,35 mm
- Bleistift
- Filzstift in Schwarz
- Buntstift in Rot

**Vorlage Seite 131**

## Ich mach's mir im Mond gemütlich!

Zum Arbeiten mit Holz und weitere Materialien siehe Seite 91 und 92.

Sägen Sie die vier Sterne und den Mond aus. Danach müssen Sie die Löcher bohren und die Kanten der Einzelteile gründlich schmirgeln.
Nach dem Übertragen der Motive grundieren Sie alle Werkstücke mit weißer Farbe und bemalen diese dann. Orientieren Sie sich an der Abbildung. Es sieht schön aus, wenn der Mond nach außen hin dunkler wird. Dazu malen Sie Rot in die noch feuchte gelbe Farbe und lassen das dadurch entstehende Orange langsam ins Gelb übergehen. Bei den Sternen können Sie genauso vorgehen. Das Schäfchenfell können Sie mit etwas Blau schattieren. Lassen Sie die Farben gut trocknen und zeichnen Sie dann mit dem Lackstift die Konturen nach.
Mit der Dickschichtlasur versiegeln Sie alle Teile und fädeln die Sterne mit dem Nylonfaden an den Mond.

**Material**

- Sperrholz, 4 mm stark, 42 cm x 42 cm
- Acryllack in Gelb, Weiß, Blau, Rot, Hell- und Dunkelgrün
- Dickschichtlasur, farblos
- Lackstift in Schwarz
- Nylonfaden, ø 0,3 cm
- Bohrer, ø 1,5 mm
- Schaschlikstäbchen

**Vorlage Seite 132**

## Starke Typen

Zum Arbeiten mit Holz und weitere Materialien siehe Seite 91 und 92.
Sägen Sie das Nashorn, das Nilpferd und die Teile für die Buchstützen aus und malen Sie sie an. Nach dem Trocknen bohren Sie an den mit gestrichelten Linien gekennzeichneten Stellen kleine Löcher in das Nashorn und das Nilpferd. Kleben Sie ein Schwänzchen aus Paketschnur in die Löcher und zwirbeln Sie die Paketschnur an den Schwanzenden etwas auf. Kleben Sie die Brettchen im rechten Winkel zusammen, lassen Sie sie gut trocknen und kleben Sie zum Schluss die Tiere auf die Buchstützen.

**Material**

- Sperrholz, 1 cm stark, pro Stütze ca. 40 cm x 22 cm
- Bastelfarbe in Rot, Dunkelgrün, Orange, Ultramarinblau, Weiß, Hautfarbe und Mittelgelb
- Paketschnur, 2,5 mm stark
- Bohrer, ø 3 mm

**Vorlage Seite 130**

## Hallo, herzlich willkommen!

Sägen Sie den Elchkörper aus dem dicken und die restlichen Teile aus dem dünnen Sperrholz aus und bemalen Sie alles wie abgebildet. Orientieren Sie sich dazu an der Anleitung und den weiteren Materialangaben auf Seite 91 und 92. Nach dem Trocknen kleben Sie das Geweih und das Schnauzenteil an und hängen dem Elch mit Bindedraht eine Blüte um. Schrägen Sie den Holzkeil ab und kleben Sie den Elch dagegen.

**Material**

- Sperrholz, 4 mm stark, Rest
- Sperrholz, 1 cm stark, 18 cm x 18 cm
- Holzlatte, ca. 11 cm lang, 1,8 cm hoch und 4 cm breit
- Bastelfarbe in Mittelbraun, Hautfarbe, Weiß, Mittelgelb, Rot, Schwarz und Olivgrün
- Bindedraht, 0,35 mm stark
- Bohrer, ø 1,5 mm

**Vorlage Seite 125**

## Sternchen-Spiegel

Bemalen Sie den Rahmen mithilfe eines Pinsels komplett mit der Glitter-Plusterfarbe. Legen Sie eine Glasplatte oder Backpapier auf die Vorlage und malen Sie die Sterne. Dabei das Gelb und Orange ein wenig mit dem Zahnstocher durchkämmen. Drei Sterne erhalten nach dem Antrocknen der Farbe weiße Augen.

Für die kleinen, blauen Sternchen geben Sie etwas Farbe auf die Glasplatte oder das Backpapier und ziehen diese mit einem Zahnstocher in Sternform. Lassen Sie alles am besten über Nacht trocknen. Aufgeplustert wird im Backofen bei 150 °C oder mit dem Föhn (ab 1500 Watt). Das Plustern im Ofen dauert je nach Farbauftrag ca. zwei Minuten.

Nach dem Aufplustern kleben Sie die Wackelaugen auf, nehmen die Teile von Glasplatte oder Backpapier ab und kleben die Sterne auf den Rahmen. Dahinter kleben Sie die Spiegelfolie.

### Material

- Plusterstifte in Weiß, Gelb, Orange, Hellblau
- Glitter-Plusterstift in Saphir
- Pappbilderrahmen mit rundem Ausschnitt, 7,5 cm x 7,5 cm
- 4 Wackelaugen, oval, 6 mm
- Rest Spiegelfolie
- Glasplatte oder Backpapier
- Sekundenkleber

**Vorlage Seite 110**

### Tipp

*Sollten die Spitzen der Sterne zu breit geraten sein, können Sie diese mit einer Schere in Form schneiden.*

## EINFACH TIERISCH GUT DRAUF!

Malen Sie die Elefanten (2 x blau, 2 x rot, 1 x grün) und die Enten (5 x gelb) mit Windowcolor auf die Mobilefolie (siehe dazu Seite 93 und 94) und schneiden Sie sie nach dem Trocknen mit einer Schere konturennah aus.
Kleben Sie die farblich passenden Wellpappestreifen mit Heißkleber um die Lämpchen und fixieren Sie beidseitig ein Tier deckungsgleich mit Heißkleber an der Wellpappe. Die Bäuche zusammenkleben.

**Material**

- 2 Mobilefolien, 33 cm x 45 cm, 0,2 mm stark
- Windowcolor in Blau, Grün, Rot, Gelb, Orange, Weiß
- Windowcolor-Konturenfarbe in Schwarz
- Wellpappe in Gelb, 10 cm x 20 cm
- Wellpappe in Grün, 2 cm x 20 cm

**Vorlage Seite 127**

# Gundi Giraffe

Zum Umgang mit Windowcolor siehe Seite 93 und 94.

Das kleine Mädchen bekommt zwei rote Schleifen ins Haar geknotet. Die Ohrringe und das Armband werden aus Messingdraht geformt. Die Giraffe hat einen Schwanz aus schwarzen Wollfäden, die Sie an einer Stelle zusammenbinden und mit Klebstoff an der vorgesehenen Stelle befestigen. Bemalen Sie für die Beine ein 15 cm x 20 cm großes Stück Windradfolie. Nach dem Trocknen können Sie daraus 48 Quadrate (2,5 cm x 2,5 cm) schneiden. Fädeln Sie die Füße auf einen Nylonfaden und ziehen Sie dann abwechselnd je eine Perle und ein Quadrat auf. Befestigen Sie anschließend die Beine an der vorgegebenen Stelle.

**Material**

- Windowcolor-Konturenfarbe in Schwarz
- Windowcolor in Gelb, Bernstein, Weiß, Schwarz, Rot, Türkis, Blau, Braun
- Windradfolie
- Satinband in Rot, 0,5 cm breit, 2 x 10 cm
- Wollfäden in Schwarz, 8 cm
- Messingdraht, 12 cm
- 1 Strass-Stein, ø 0,3 cm
- 52 Holzperlen in Gelb, ø 1 cm
- Nylonfaden

**Vorlage Seite 131**

## Dekorative Türkränze

Kränze aus Naturmaterialien sind ein schöner Blickfang an Ihrer Eingangstüre. Sie sind einfach zu machen und trotzdem sehr effektvoll.

### Die wichtigsten Materialien und Hilfsmittel

- Heißklebepistole
- Schere
- Reb- oder Gartenschere
- Zange oder Seitenschneider
- Bindedraht
- Steckdraht

Grünteile, Trockenblumen und Trockenstände werden in der Regel angedrahtet, bevor sie weiterverarbeitet werden. Verwenden Sie dazu am besten Steckdraht der Stärke 0,7 mm oder 0,9 mm. Bevor Sie ihn anlegen, sollten Sie ihn ein Stückchen umbiegen, damit die Stiele der Trockenblumen nicht gleich abbrechen.
Halten Sie das Teil, das Sie andrahten wollen, mit der einen Hand und wickeln Sie mit der anderen den Steckdraht kreisförmig um die Stielenden.

## Mosaike

Mosaike wirken immer ausgefallen und edel. Aus vielen kleinen Einzelteilen entsteht ein individuelles Ganzes, das es nur einmal gibt.

### Basisausrüstung für Mosaikarbeiten

- Fliesen jeglicher Art
- Altes Porzellan
- Scherben jeglicher Art (Spiegel, Glas ... )
- Vorgefertigte Mosaikstücke (im Fachhandel erhältlich)
- Glasnuggets
- Steine
- Muscheln

### Werkzeug und Zubehör

- Hammer, Schere, Filzstift, Bleistift, Pinzette, Packpapier, Haushaltsschwamm und Gummihandschuhe
- Fliesenschneider, Pinsel, Metermaß, Glasschneider, Spachtel, Zahnspachtel verschiedener Größe, Poliertücher, Fliesenkleber, Silikon mit passender Spritze, evtl. Teppichmesser, Zementfuge, Gummibecher, Rührholz, Acryl-Abtönfarbe oder Farbpigmente für Zement, doppelseitiges Spiegelklebeband, Tapetenkleister, Mundschutz und Schutzbrille (diese Dinge sind alle in Baufachgeschäften erhältlich)
- Japanische Zange um Fliesen, Keramik und ähnliches Material zu bearbeiten, Zag-Zag-Zange, Glasschneide-/Brechzange für Glasbearbeitung

### Hier noch einige wichtige Hinweise

Ehe Sie mit der Arbeit beginnen, sollten Sie alle benötigten Werkzeuge und Materialien für das geplante Objekt bereitlegen.

Beim Zerkleinern von Fliesen oder Glas immer die Schutzbrille aufsetzen. Achten Sie beim Kauf der Fliesen auf die Stärke. Unterschiedlich dicke Fliesen können keine ebene Oberfläche bilden (wichtig z.B. bei einem Tisch). Andererseits können genau durch diese Unebenheiten auch interessante Effekte erzielt werden.

Der Mundschutz ist nützlich, um sich vor Staub zu schützen. Benutzen Sie beim Verfugen Gummihandschuhe, da die Zementfuge die Haut austrocknet.

Lesen Sie die Gebrauchsanweisungen und die Angaben zu den Mischverhältnissen der Klebstoffe und Fugenmittel immer gründlich durch und beachten Sie, dass Mosaikwerke, die für draußen bestimmt sind, frostsichere Klebstoffe, Fugenmittel und Fliesen benötigen.

Silikon trocknet schnell an; deswegen nie das ganze Objekt bestreichen, immer nur flächenweise arbeiten. Silikon nur dünn (ca. 1 mm) und gleichmäßig auftragen, es sollte nicht über die Scherbenränder quellen. Steht nach der Trocknungszeit Silikon an den Rändern über, kann es vorsichtig mit einem Teppichmesser entfernt werden.

## Ausgefallener Spiegel (Abbildung Seite 12)

**FOTO 1**

Messen Sie auf der Holzplatte den Platz für den Spiegel aus und kleben Sie ein paar (3 bis 4) Streifen des doppelseitigen Teppichklebebandes in das entstandene Viereck.
Es steht Ihnen frei, den Spiegel entweder jetzt schon aufzukleben (Teppichklebeband abziehen und Spiegel festdrücken) oder erst am Ende der Mosaikarbeit.

**FOTO 2**

Skizzieren Sie mit dem Filzstift ein Muster oder Motiv auf der restlichen Holzplattenoberfläche.
Die Fliesen mit dem Hammer oder der Japanischen Zange zu Scherben verarbeiten. Für den Rand brauchen Sie viereckige Mosaiksteine, und zwar 2 cm x 2 cm groß, die Sie entweder vorgefertigt im Fachhandel erwerben oder mit dem Fliesenschneider und der Japanischen Zange selbst herstellen können.
Legen Sie die gesamte Fläche – bis auf den Spiegelplatz – mit den Scherbenstücken aus, und zwar ohne Klebstoff.

**FOTO 3**

Schneiden Sie einen Bogen Packpapier zurecht, etwas größer als die gesamte Holzplatte, und bestreichen Sie diesen gleichmäßig mit dem Tapetenkleister. Achten Sie jedoch darauf, das 13 cm x 13 cm große Viereck für den Spiegel auf dem Papier nicht mit Tapetenkleister zu bestreichen.

**FOTO 4**

Den so präparierten Bogen Papier legen Sie vorsichtig auf die Mosaikoberfläche und streichen ihn sorgfältig fest. Über Nacht trocknen lassen.

Sind die Steine am nächsten Tag alle angetrocknet, legen Sie das Papier mit den Steinen auf die Seite. Bewährt hat sich dabei, eine zweite Platte oder ein Brett auf das Papier zu legen und das „Mosaik-Sandwich" umzudrehen. Jetzt liegt das Papier, mit der Rückseite der Steine nach oben, auf der zweiten Platte. Legen Sie die Steine mit dem Papier beiseite.

**FOTO 5**

Mit dem Zahnspachtel wird nun dünn und gleichmäßig Fliesenkleber auf die Fläche rund um den Spiegel aufgetragen. Die „Zähne" des Spachtels dienen zum Abnehmen überschüssigen Klebematerials. Danach nehmen Sie das Papier mit dem festgeklebten Mosaikbild und legen es mit den Steinen nach unten auf die Spiegelholzplatte. Entweder nehmen Sie dabei das zweite Brett zu Hilfe oder Sie halten das Papier oben links und rechts an den Ecken fest und rollen es auf die Holzplatte um den Spiegel bzw. den Spiegelplatz herum.

**FOTO 6**

Mit einem nassen Schwamm weichen Sie das Packpapier ein. Wenn der Tapetenkleister sich gelöst hat, können Sie das Papier ganz einfach abziehen und zum Vorschein kommt die Mosaikarbeit. Einzelne Steine können jetzt noch gut verschoben und justiert werden.

**FOTO 7**

Den Rand der Holzplatte dekorieren Sie mit den viereckigen Mosaiksteinen (2 cm x 2 cm). Stein für Stein mit Kleber betupfen und andrücken. Benutzen Sie hierfür nicht Fliesenkleber, sondern Silikon; so entsteht eine Schutzschicht gegen Feuchtigkeit. Das ist vor allem dann wichtig, wenn der Spiegel für das Badezimmer bestimmt ist.

Um bequem den Rand zu erreichen, ist es eine große Hilfe die Holzplatte etwas erhöht vor sich zu haben, beispielsweise auf einem Eimer. Haben Sie den ganzen äußeren Rand verziert, lassen Sie das Ganze nochmals über Nacht trocknen.

Zum Verfugen verrühren Sie mit einem Rührholz (z. B. alter Kochlöffel) Zementfuge und Wasser in einem Gummibecher zu einem zähen Brei. Um eine farblich passende Fugenmasse zu erhalten, können Sie die Zementfuge mit Acryl-Abtönfarbe oder Farbpigmenten einfärben. In diesem Beispiel wurde etwas blaue Acryl-Abtönfarbe beigemischt.

Mit einem normalen Haushaltsschwamm wird die Fugenmasse in die Steinzwischenräume eingearbeitet. Nehmen Sie etwas Fugenmasse mit dem Schwamm auf und verteilen Sie die Masse zwischen den Steinen. Den Abstand zum Rand ebenfalls mit der Fugenmasse auffüllen. Nach einer Viertelstunde Trockenzeit können Sie mit einem feuchten Tuch die restliche Masse abwischen. Das fertig verfugte Objekt muss nun wieder 24 Stunden austrocknen.

Nach 24 Stunden hat sich ein weißer Schleier auf den Steinen abgesetzt. Mit einem trockenen, fusselfreien Poliertuch wird der Gegenstand gesäubert. Hartnäckige Zementreste können Sie mit einfachem Haushaltsessig oder speziellen Zementschleierentferner beseitigen.

Bevor Sie Haken und Kette an der Rückseite der Holzplatte befestigen, kleben Sie noch den Spiegel in das leere Viereck. Ziehen Sie das Schutzband des Teppichklebebandes ab und drücken Sie den Spiegel fest an. Fertig ist der Mosaikspiegel.

## Holzarbeiten

Holzarbeiten haben ihren ganz eigenen Charakter. Je nach Motiv und Bemalung wirken sie fröhlich und modern oder ländlich, nostalgisch. Sie haben die Wahl!

### Die wichtigsten Materialien und Hilfsmittel

- Pappel-Sperrholz in verschiedenen Stärken
- Schleifpapier, Körnung 80 und 120
- Pauspapier, Schneider-Kopierpapier
- Transparentpapier
- Nägel
- Klebefilm
- Acryl- oder Bastelfarbe
- Krakelier-Lack
- Patina in Braun
- UHU Alleskleber Kraft
- Sprühlack
- Farblose Dickschichtlasur (Klar- oder Bootslack)
- Laub- oder Dekupiersäge (mit Sägeblättern für Holz)
- Holzbohrer (Spiralbohrer)
- Bohrmaschine
- Schraubzwinge
- Feile
- Bleistift
- Breiter Borstenpinsel
- Schmaler Pinsel
- Dünner Stift in Schwarz (wasserfest)
- Heißklebepistole
- Seitenschneider
- Spitze Rundzange
- Hammer

Legen Sie einen Bogen Pauspapier auf das Sperrholz und darüber die kopierte Vorlage. Fixieren Sie beide Bögen mit einem Klebestreifen. Nun brauchen Sie nur noch mit einem Bleistift die Linien des Motivs mit allen Innenlinien nachzuziehen. Einzelteile werden separat aufgezeichnet. Dazu lösen Sie die Vorlage und ggf. das Pauspapier ab und kleben alles mit etwas Versatz wieder fest.
Achten Sie bitte darauf, dass die Teile nicht überlappen!

Sägen Sie das Motiv mit einer Laub- oder Dekupiersäge sorgfältig aus. In den Ecken sägen Sie am besten auf der Stelle und drehen dabei das Motiv langsam. Sie können aber auch mit einem dünnen Bohrer ein kleines Loch in die Ecken bohren, das Sägeblatt dort einführen und so leichter die Ecken aussägen. Glätten Sie die Vorder- und Rückseite sowie alle Kanten mit einer Feile und Schleifpapier.

Nun können Sie die Holzteile mit Acrylfarbe oder einer anderen für Holz geeigneten Bastelfarbe bemalen und alles trocknen lassen. Für zarte, transparente Anstriche wird die Farbe stark mit Wasser verdünnt. Kräftige Farbakzente erzielen Sie durch unverdünntes Auftragen der Farbe. Nach dem Trocknen ziehen Sie die Konturen mit einem dünnen schwarzen Stift nach.
Dann kleben Sie alles mit UHU Alleskleber Kraft oder der Heißklebepistole zusammen, verzieren das Motiv noch ggf. mit Accessoires (wie z. B. Drahthaaren oder Stoff) und versehen es ggf. mit einem Rundstab.

### Hinweis

*Für alle Motive, die im Garten ihren Platz finden sollen, müssen Sie zum Schutz vor Feuchtigkeit Ihre Motive mit geeignetem Lack behandeln!*

## TIPPS UND TRICKS

*Achten Sie darauf, dass Ihr Sperrholzstück nicht zu knapp bemessen ist. Ein etwas größeres Stück lässt sich beim Aussägen besser festhalten und ist dadurch sicherer zu handhaben.*

*Falls die Rückseite Ihres Motivs genauso hübsch wie die Vorderseite aussehen soll, müssen Sie alle Innenlinien spiegelverkehrt auf die Motivrückseite übertragen. Dazu pausen Sie das Motiv und alle Innenlinien mit einem Bleistift von der Vorlage auf Transparentpapier ab, legen dieses mit der bemalten Seite nach unten auf die Rückseite des bereits ausgesägten Motivs und ziehen die Innenlinien nochmal nach. So überträgt sich der Grafit der Bleistiftlinien auf das Sperrholz.*

*Um ein Ineinanderlaufen der Farben zu vermeiden, sollte die erste Farbe richtig trocken sein, bevor Sie die nächste auftragen.*

*Sollten Sie beim Malen zufällig Innenlinien übermalen, ist das nicht schlimm. Übertragen Sie dann einfach das Motiv auf Transparentpapier, ziehen Sie die Linien mit Bleistift auf der Rückseite nach und legen Sie das Transparentpapier dann wieder auf das Motiv. Wenn Sie jetzt die Linien noch einmal nachfahren, dann überträgt sich der Bleistift-Grafit von der Rückseite des Transparentpapiers auf das Motiv. Nun können Sie die Innenlinien mit dem schwarzen Stift nachziehen.*

*Wenn Ihr Motiv antik wirken soll, müssen Sie mit Krakelier-Lack arbeiten. Durch ihn entsteht eine feine Rissbildung und die Farbe wirkt alt. Grundieren Sie Ihr ausgesägtes und gesäubertes Holzteil mit der gewünschten Grundfarbe und lassen Sie es trocknen. Nun bestreichen Sie die Teile mit Krakelier-Lack. Wenn auch dieser trocken ist, bemalen Sie alles mit der gewünschten Farbe. Sie sollten dabei zügig und möglichst in eine Richtung arbeiten. Die kleinen „Risse“ werden relativ schnell sichtbar.*

*Für Wangen und ggf. Nasen malen Sie zum Schluss einen kleinen, weißen Pinselstrich in die Wangen- bzw. Nasenfarbe. Für die Augen nehmen Sie einen kleinen Tupfen Weiß.*

*Zum Ankleben einzelner Holzteile verwenden Sie Heißkleber oder UHU Alleskleber Kraft.*

*Um Draht spiralförmig zu biegen wickeln Sie ihn um einen runden Stift. Evtl. können Sie die Spirale dann noch etwas auseinander ziehen.*

*Um die Motive einzuhängen sollten Sie die Ösen jeweils leicht geöffnet haben. Nach dem Einhängen lassen sich die Ösen immer noch etwas zubiegen.*

*Die Ösen an den Drahtenden biegen Sie um ein rundes Teil (z. B. einen Stift) in der Größe, in der Sie die Öse haben wollen. Den überflüssigen Draht kneifen Sie dann mit einem Seitenschneider ab.*

## Figuren aus Tontöpfen

Tontopffiguren sind der letzte Schrei und äußerst effektvolle Dekorationen für den Eingangsbereich. Sie lassen sich vielseitig einsetzen und sind zudem recht schnell und einfach gemacht.

**Die wichtigsten Materialien und Hilfsmittel**

- Tontöpfe und Untersetzer in verschiedenen Größen
- Terrakotta-Stifte, Plaka-Farbe oder Patio-Paint in verschiedenen Farben
- Holzleim, Kraftkleber, Sekundenkleber
- Klarlack
- Transparent- oder Pauspapier, Kohlepapier
- Bleistift

Die Maßangaben für die Tontöpfe beziehen sich immer auf den oberen und den unteren Durchmesser.

Zum Übertragen der Vorlagen auf die Tontöpfe benötigen Sie Transparent- oder Pauspapier sowie Kohlepapier. Pausen Sie das entsprechende Motiv von der Vorlage auf das Transparent- oder Pauspapier ab. Grundieren Sie nun zunächst Ihren Tontopf in der entsprechenden Farbe. Lassen Sie die Farbe immer gut trocknen, bevor Sie mit einem neuen Farbanstrich beginnen. Wenn die Grundierung gut getrocknet ist, übertragen Sie das Motiv mit dem Kohlepapier auf den Topf. Hierzu legen Sie das abgepauste Motiv auf das Kohlepapier, welches mit der beschichteten Seite auf den Tontopf gelegt wird. Nun ziehen Sie die Konturen des Motivs mit mäßigem Druck – am besten mit einem Bleistift – nach. Anschließend können Sie die Konturen mit der entsprechenden Farbe nachzeichnen.
Die Objekte werden mit Terrakotta-Stiften bemalt. Sie können aber auch die oben genannten Farben verwenden. Der Terrakotta-Stift ist hochkonzentriert, deckend, wasserlöslich und schnelltrocknend. Vor dem ersten Gebrauch müssen Sie den Stift kräftig schütteln. Drücken Sie die Spitze mehrmals auf ein Stück Papier, bis Farbe austritt. Auf dem Werkstück selbst sollten Sie nicht nachdrücken, da bei zu starkem Druck Farbe ausläuft.

## TIPP

*Um einen intensiveren Farbglanz zu erhalten, können Sie mehrere Farbschichten auftragen.*

Wenn Ihre Objekte im Freien stehen, müssen Sie sie mit einem Klarlacküberzug wisch- und wasserfest machen. Den entsprechenden Klarlack erhalten Sie im gut sortierten Bastelhandel.

## Windowcolor-Dekorationen

Mit Windowcolor zaubern Sie schnell und einfach tolle Dekorationen. Ob Fensterborten, Raumhänger, Verzierungen für glatte Flächen und vieles mehr – Ideen gibt es unzählige.

### Die wichtigsten Materialien und Hilfsmittel

- Windowcolor-Konturenfarbe
- Windowcolor in verschiedenen Farben
- Evtl. Maldüse
- Trägerfolie, z. B. Klarsichthülle
- Adhäsionsfolie
- Windradfolie, verschiedene Stärken
- Feste Unterlage, z. B. Cuttermatte
- Schere
- Cutter
- Nylon- oder Bindfaden
- Nadel
- Alles- oder Heißkleber

Legen Sie die Vorlage unter die Trägerfolie und tragen Sie die Konturenfarbe auf. Für dünnere Konturenlinien gibt es Maldüsen in verschiedenen Strichstärken, die man auf die Flasche stecken kann. Heben Sie die Flasche mit der Konturenfarbe an, sodass sich die Spitze ca. 1 cm über der Folie befindet. Ziehen Sie bei gleichmäßigem Druck auf die Flasche die Konturen des Motivs nach. Führen Sie die Flasche so, dass der austretende Konturenstrang leicht gespannt ist. Ziehen Sie nicht zu schnell, da der Strang sonst zu dünn wird und abreißt. Führen Sie die Flasche zu langsam, werden die Linien zu dick und unsauber. Am besten ziehen Sie die Linien von innen nach außen nach.

Misslungene Versuche können Sie gleich wieder mit einem Papiertuch wegwischen. Besser ist es jedoch, Unsauberkeiten nach dem Trocknen mit einem Cutter auszubessern bzw. herauszuschneiden und durch neue Linien zu ersetzen. Beachten Sie die angegebene Trocknungszeit der Konturenfarbe. Diese ist auf der Flasche vermerkt und beträgt in der Regel 1-5 Stunden.

Dann können Sie das Motiv ausmalen. Tragen Sie die Farbe so gleichmäßig wie möglich auf und achten Sie darauf, dass sie an jeder Stelle der Kontur anliegt. Malen Sie die Farbe nicht zu dünn auf, da sich das Bild sonst später schwer von der Folie lösen lässt.
Luftblasen sind leider nicht zu vermeiden, lassen sich aber gut mit einer Nadel aufstechen, solange die Farbe noch nass ist.
Je nachdem, wie dick Sie die Farbe aufgetragen haben, liegt die Trocknungszeit zwischen 24 und 36 Stunden. Danach können Sie das Motiv von der Trägerfolie abziehen und alle glatten Flächen damit dekorieren.
Haben Sie ein Motiv auf Windrad- oder Adhäsionsfolie gearbeitet, können Sie es nach dem Trocknen entlang der äußeren Konturenlinien mit einer Schere ausschneiden und mit einem Nylonfaden oder Bindfaden aufhängen bzw. auf glatten Flächen anbringen.

## HIER NOCH EIN PAAR TIPPS

*Beachten Sie, dass sich nicht jede Folie zum Auftragen von Windowcolor eignet. PVC-Folien verbinden sich mit den Farben und das Motiv lässt sich nicht mehr von dieser Folie lösen. Probieren Sie deshalb vorher aus, ob sich die getrocknete Farbe wieder ablösen lässt.*

*Im Handel gibt es Spezialfolie (Adhäsionsfolie) für Windowcolor, die auch am Fenster haftet. Die Windowcolor-Farbe wird direkt auf diese Folie aufgetragen. Dadurch können Sie die Motive leichter vom Fenster lösen, wenn Sie dieses neu dekorieren wollen. Da in diesem Fall das Motiv auf der Folie verbleibt, ist etwas Übung beim Malen erforderlich, denn die Farbe lässt sich nicht mehr von der Folie lösen und eventuelle Unreinheiten können nur schwer korrigiert werden.*

*Zum Mischen der Farben verwenden Sie bitte nur Farben des gleichen Herstellers. Um einen besseren Überblick über die Farbpalette zu bekommen, können Sie eine Farbkarte auf Trägerfolie anfertigen. Die meisten Farben verändern sich im trockenen Zustand etwas und eine Farbpalette erleichtert Ihnen das Zusammenstellen der Farben.*

*Die getrockneten Windowcolor-Bilder sind temperaturempfindlich. Sie können bei Kälte brechen, wenn Sie ein Motiv bei zu niedrigen Außentemperaturen vom Fenster lösen wollen. Föhnen Sie in diesem Fall das Fensterbild kurz an und lösen Sie es dann vorsichtig von der Scheibe.*

*Bei intensiver Sonnenbestrahlung können die Motive vereinzelt Blasen bekommen, die bei zurückgehenden Temperaturen wieder verschwinden.*

*Lagern Sie die Bilder am besten in Prospekthüllen oder legen Sie eine Folie zwischen sie. Legen Sie sie auf keinen Fall direkt aufeinander, da sie schnell zusammenkleben und Sie die Motive unter Umständen nicht mehr voneinander lösen können.*

## Vielseitige Serviettentechnik

Mit Servietten können Sie ganz einfach Gegenstände aus den verschiedensten Materialien verzieren. Da es Servietten in unzähligen Dekors gibt, sind Ihren Gestaltungsideen keine Grenzen gesetzt.

### Die wichtigsten Materialien und Hilfsmittel

- Servietten
- Serviettenkleber bzw. Serviettenlack

  Serviettenkleber gibt es in matt, glänzend und mit Glitter. Aufgetragen wird er mit einem Pinsel. Je nach Fabrikat und Material, das beklebt wird, ist das Vorgehen unterschiedlich. Beachten Sie immer die Hinweise des Herstellers. Serviettenlack eignet sich besonders gut zum Aufbringen von kleinen Serviettenmotiven.
- Crackle Medium/Krakeliermedium

  Crackle Medium lässt Ihre Objekte altern. Das Medium wird zwischen zwei Farbschichten aufgetragen. Wenn die obere Farbschicht trocknet, dann entsteht der „Crackle Effekt".
- Spitze, kleine, scharfe Schere
- Evtl. Nagelschere
- Klar- oder Mattlack
- Verschiedene Pinsel
- Evtl. Stupfpinsel oder kleiner Naturschwamm
- Evtl. Backpapier, Bügeleisen, Föhn

### Das Grundieren

Wenn Sie möchten, grundieren Sie das Objekt, welches staub- und fettfrei sein sollte, zuerst. Hierfür eignet sich Acrylfarbe am besten, denn sie haftet auf Holz, Terrakotta, Glas, Metall, Kunststoff, Papier etc. Achten Sie darauf, eine helle Farbe zu verwenden, denn dunkle Farben würden durch die dünne Serviettenschicht hindurch scheinen! Wünschen Sie dennoch einen dunklen Hintergrund, so malen Sie diesen entweder nach dem Anbringen der Serviette an oder Sie bemalen exakt die Flächen, auf welchen Sie später das Motiv anbringen möchten, mit einer helleren Farbe.

Grundieren können Sie auf verschiedene Arten: Wünschen Sie einen gleichmäßigen und deckenden Farbauftrag, so verwenden Sie einen Haarpinsel und tragen die Acrylfarbe am besten zweimal auf. Dabei die erste Farbschicht gut trocknen lassen!

Für einen ungleichmäßigen Auftrag, durch den der Untergrund scheint, verdünnen Sie die Acrylfarbe mit Wasser und tragen sie in einer dünnen Schicht mit einem Pinsel auf.

Wünschen Sie einen zweifarbig gefleckten Hintergrund, so geben Sie auf einen Schwamm oder Stupfpinsel sehr wenig Farbe und tupfen diese auf den rohen oder grundierten Untergrund. Überschüssige Farbe vor dem Tupfen unbedingt abstreifen oder abtupfen, da der Farbauftrag sonst zu deckend wird. Ob Sie eine oder mehrere Farben auftupfen, bleibt ganz Ihnen überlassen.

### Vorbereitung der Servietten

Zunächst schneiden oder reißen Sie das gewünschte Motiv aus der Serviette aus. Zum Schneiden sollten Sie eine kleine, spitze Schere verwenden. Für Rundungen eignet sich eine Nagelschere besonders gut. Mit gerissenen Kanten erzielen Sie sanfte Übergänge und interessante Effekte. Nach dem Ausschneiden lösen Sie die oberste bedruckte Schicht von der Serviette, denn nur diese wird auf dem Objekt angebracht.

**Tipp**

*Gefällt Ihnen ein sehr filigranes Motiv besonders gut, so sollten Sie nicht versuchen, dieses exakt auszuschneiden. Reißen oder schneiden Sie es lieber nur grob aus und beziehen Sie den Hintergrund in die Gestaltung mit ein.*

### Das Anbringen der Servietten

Hier können Sie zwischen unterschiedlichen Techniken wählen. Die Bügeltechnik eignet sich gut für große, glatte Flächen. Kleine, unregelmäßige und stark gerundete oder sehr hitzeempfindliche Untergründe, wie z. B. Styropor, werden am besten in der einfachen Klebetechnik verziert. Sehr kleine Serviettenmotive bringen Sie am besten mit Serviettenlack auf. Beachten Sie bitte immer die Hinweise des Herstellers, da es viele verschiedene Fabrikate gibt.

**Einfache Klebetechnik**
Bestreichen Sie entweder den gesamten Untergrund oder nur die Stelle, auf der das Motiv angebracht werden soll, gleichmäßig mit Serviettenkleber. Wenn dieser ganz leicht angetrocknet ist, legen Sie das Motiv auf und streichen es von innen nach außen vorsichtig mit der Hand oder einem Haarpinsel fest. Nun können Sie sofort oder nach dem Trocknen eine weitere Schicht Kleber vorsichtig von innen nach außen auftragen. Lassen Sie alles trocknen.
Zum Schluss werden die fertigen Objekte zum Schutz noch mit Lack versiegelt.

**Bügeltechnik**
Als Erstes leimen Sie die Stelle mit Serviettenkleber ein, die Sie verzieren wollen. Bei sehr filigranen Serviettenmotiven können Sie das ganze Objekt oder eine größere Fläche mit Serviettenkleber bestreichen. Der Serviettenkleber muss dann trocknen. Hier können Sie ein wenig mit dem Föhn nachhelfen. Legen Sie die vorbereitete Serviette auf die eingeleimte Stelle, decken Sie sie mit Backpapier ab und bügeln Sie mit dem Bügeleisen darüber. Der Serviettenkleber schmilzt durch die Hitze des Bügeleisens und verbindet sich dadurch mit der Serviette. Anschließend lassen Sie das Backpapier leicht abkühlen, bevor Sie es vorsichtig abnehmen. Danach bestreichen Sie die aufgeklebten Serviettenmotive nochmals mit dem Serviettenkleber. Sie beginnen in der Motivmitte und arbeiten sich nach außen vor. Zum Schluss können die fertigen Objekte zum Schutz noch mit Lack versiegelt werden.

## Tipp

*Für runde Objekte, wie z. B. sehr bauchige Gefäße, oder Objekte, die sich durch die Hitze des Bügeleisens verziehen könnten, können Sie zum Aufbringen der Serviettenmotive auch einen Föhn verwenden. Sie erwärmen den aufgetragenen Serviettenkleber zuerst ein wenig mit dem Föhn (bis die Fläche leicht klebrig wird), dann drücken Sie das Serviettenmotiv auf der erwärmten Stelle mit der Hand gut an und föhnen es komplett, von innen nach außen, auf der Klebefläche fest.*

**„Crackle Technik"**
Achtung: Dieser Schritt muss immer vor der Serviettentechnik durchgeführt werden!

Es ist immer die Farbe des Untergrunds, die bei dieser Technik nachher durch die Risse zu sehen ist.
Sollte Ihnen die Farbe Ihres Objekts so gefallen wie sie ist, dann brauchen Sie den ersten Schritt nicht durchzuführen.

**1.** Bemalen Sie das gewünschte Objekt mit Acrylfarbe (Grundierung). Lassen Sie diese Farbe vollständig trocknen.

**2.** Tragen Sie nun eine dicke Schicht Crackle Medium auf die Flächen auf, die krakelieren sollen. Föhnen Sie das Crackle Medium trocken. Je dicker Sie das Crackle Medium auftragen, desto stärker werden die Risse und Sprünge.

**3.** Nun können Sie die obere Schicht Acrylfarbe auftragen. Dazu tränken Sie einen dicken Pinsel mit der gewünschten Farbe und tragen sie mit kreisenden Bewegungen auf das Crackle Medium auf. Achten Sie darauf, dass Sie nicht zweimal über die gleiche Stelle streichen. Am besten tränken Sie den Pinsel immer mit ausreichend Farbe. Die Risse entstehen unmittelbar beim Trocknen. Bevor Sie nun mit dem Aufkleben der Serviettenmotive fortfahren, lassen Sie die Farben mindestens einen Tag aushärten.

## Tipps zur Serviettentechnik auf verschiedenen Trägermaterialien

### Auf Stoff
Sie können auf Stoff mit Vliesofix® und Serviettenkleber oder nur mit Serviettenkleber arbeiten. Wenn Sie Vliesofix® verwenden, lassen sich die Servietten leichter ausschneiden und zerreißen nicht so leicht. Das Aufbringen ohne Vliesofix® empfiehlt sich bei sehr, sehr dünnen Stoffen, wie z. B. Organza. Es wird immer nur die oberste Serviettenschicht verwendet.

**Mit Vliesofix®**
Schneiden Sie das gewünschte Motiv großzügig aus der Serviette aus und bügeln Sie es auf Vliesofix®. Dabei sollten Sie über die Serviette und das Vliesofix® einen ausreichend großen Bogen Backpapier legen, da-

mit das Bügeleisen geschützt wird. Schneiden Sie das Motiv aus.
Platzieren Sie das ausgeschnittene Motiv auf dem jeweiligen Stoff und bügeln Sie es auf. Wählen Sie die Bügeltemperatur entsprechend dem Stoff. Dabei wird wieder alles mit Backpapier abgedeckt.
Wenn die Serviette auch an den Rändern gut auf dem Stoffuntergrund haftet, tragen Sie mit dem Pinsel Serviettenkleber für Stoff auf. Es ist wichtig, dass Sie nicht zu viel Kleber verwenden, da sich das Motiv sonst an der Oberseite immer klebrig anfühlt. Lassen Sie den Kleber gut trocknen und bügeln Sie den Stoff, wenn nötig, noch mal von der Rückseite.

### Ohne Vliesofix®

Wenn Sie auf Vliesofix® verzichten möchten, schneiden Sie das Motiv an den Konturen aus. Mit einem Strich-Ex-Stift werden die Konturen des Motivs auf dem Stoff umfahren. Innerhalb dieser sichtbaren Umrandung tragen Sie eine dünne Schicht Serviettenkleber für Stoff mit dem Pinsel auf und lassen diese antrocknen.
Das Serviettenmotiv wird aufgelegt und gut angedrückt. Achten Sie darauf, dass sich nach Möglichkeit keine Falten bilden. Sollten sich doch einige Falten zeigen, lassen Sie den Kleber antrocknen und klopfen dann vorsichtig mit einem Stupfpinsel die Falten flach.
Nun wird nochmals eine Schicht Kleber aufgetragen. Auch hier sollten Sie darauf achten, dass die Schicht nicht zu dick wird um ein Verkleben zu verhindern.
Nach dem Trocknen können Sie, falls erforderlich, den Stoff von der linken Seite mit aufgelegtem Backpapier bügeln.

### Auf Holz

Gegenstände aus Holz sollten Sie vor dem Grundieren immer mit Schmirgelpapier abschleifen. Dadurch erhalten Sie eine glatte Oberfläche, die sich leichter bearbeiten lässt.
Bei großen Flächen empfehlen wir Ihnen die Serviette aufzubügeln, da Sie das Motiv dadurch gleichmäßig und fast ohne Falten aufbringen können.
Kleine Motive bringen Sie einfach mit Serviettenlack auf.
Bei einem unebenen Untergrund, der schwer mit dem Bügeleisen zu bearbeiten ist, verwenden Sie einen Kleber, bei dem Sie auf das Bügeln verzichten können. Beachten Sie dabei die Angaben des jeweiligen Herstellers.
Wenn das Motiv aufgebracht ist, lackieren Sie den ganzen Gegenstand mit Klar- oder Mattlack, um ihn unempfindlicher zu machen.

### Auf Glas und Keramik

Für das Dekorieren von Glas und Keramik verwenden Sie am besten ein Produkt, das im Backofen eingebrannt wird (z. B. Ultra-Gloss der Firma Rayher).
Schneiden Sie das Serviettenmotiv aus und platzieren Sie es auf dem jeweiligen Untergrund. Nun wird von der Mitte des Motivs aus Serviettenkleber mit dem Pinsel aufgetragen. Nach dem Trocknen wird nochmals eine dünne Schicht aufgestrichen. Lassen Sie alles gut trocknen, stellen Sie das Glas- bzw. Keramikobjekt in den kalten Backofen und stellen Sie ihn auf 170°C. Wenn diese erreicht sind, lassen Sie den Ofen 40 Minuten lang an. Dann stellen Sie den Ofen aus. Das Objekt wird erst aus dem Ofen genommen, wenn dieser ausgekühlt ist. Übermalungen, die nun sichtbar geworden sind, können mit einem Skalpell oder einem feinen Cutter vorsichtig abgekratzt werden. Das so behandelte Werk können Sie ohne Bedenken mit einem nassen Tuch reinigen.

### Auf Terrakotta

Bei Terrakotta-Gefäßen sollte der Ton ohne Glasur sein, da sonst der Leim nicht gut haftet.

### Auf Kunststoff

Schneiden Sie das Serviettenmotiv aus, streichen Sie Serviettenkleber auf das Objekt und stellen Sie das Bügeleisen auf niedrige Temperatur. Es muss immer Backpapier unter das Bügeleisen gelegt werden! Nach dem Aufbügeln sollten Sie kontrollieren, ob die Serviette komplett mit dem Untergrund verbunden ist und bei Bedarf nochmals bügeln. Auch bei Kunststoff ist es angebracht, den ganzen Gegenstand zu lackieren.

**TIPP**

*Sollten Sie die in diesem Buch gezeigten Servietten nicht erhalten, weichen Sie auf ähnliche Designs aus.*

## Dekorationen aus Filz

**Die wichtigsten Materialien und Hilfsmittel**

- Transparentpapier
- Bleistift
- Buntstift, hell und dunkel
- Schere
- Nagelschere
- Klebefilm
- Nadel und Nähfaden
- Stecknadeln
- Stopfnadel
- Textilkleber
- Holzleim

Um das gewünschte Motiv von der Vorlage auf Filz zu übertragen brauchen Sie Transparentpapier, Schere, Klebefilm, Stecknadeln und Bleistift bzw. einen hellen oder dunklen Buntstift, abhänigig von der Filzfarbe. Das Transparentpapier wird auf die Vorlage des gewünschten Motivs gelegt und mit Klebefilm fixiert. Pausen Sie mit dem Bleistift alle Einzelheiten ab. Dann schneiden Sie das Motiv aus, legen es auf den Filz und fixieren es mit Stecknadeln bzw. Klebeband.

Nun umfahren Sie die Umrisse mit einem Bleistift und schneiden das Motiv aus.
Möchten Sie z. B. Vasen umhüllen, schneiden Sie ein für die Vasen passendes Filzstück zu und fertigen Sie eine Hülle an. Dazu den Filz genau passend zur Gefäßform zuschneiden. Messen Sie die Höhe des zu verkleidenden Objektes ab und schneiden Sie eine entsprechende Filzplatte zu. Umhüllen Sie damit sehr eng das Objekt und markieren Sie mit Stecknadeln die spätere Naht. Die Anzahl der Nähte richtet sich nach der Form des zu umhüllenden Gegenstandes. Nach dem Markieren ziehen Sie die Filzhülle wieder ab und nähen mit Nähmaschine oder von Hand an der markierten Stelle entlang. Den überstehenden Stoffrest schneiden Sie so ab, dass die Nahtzugabe überall gleichmäßig breit ist. Krempeln Sie jetzt die Hülle um und ziehen Sie diese von oben über die Vase.

### TIPP

*Wenn Sie nicht nähen möchten, können Sie Filz auch mit Textilkleber zusammenkleben.*

## Effektvolles Satinieren

Mit Satinier-Effektfarben zaubern Sie im Handumdrehen edle Wohnraumaccessoires. Die Farbe wird einfach auf Glas, Kunststoff, Spiegel oder Porzellan aufgetupft, schon wirken die behandelten Stellen wie mattiert.

**Die wichtigsten Materialien und Hilfsmittel**

- Satiniereffektfarben
- Schablonen
- Klebefolie
- Schneidemesser und -unterlage
- Klebefilm
- Isolierband
- Windowcolor in beliebigem Farbton
- Malfolie für Windowcolor
- Schwammstück
- Malpalette (z. B. Pappteller)
- Prickelnadel
- Wattestäbchen
- Dicker Haarpinsel
- Kleine, spitze Schere
- Reliefschere

## Schablonen aus Windowcolor

Beim Arbeiten mit Windowcolor gehen Sie wie vom Hersteller empfohlen vor.

Auf dem Foto 1 sehen Sie mehrere selbst gefertigte Schablonen: Die Sternchen sind Positiv-Schablonen, die Herzen Negativ-Schablonen.

Bei Positiv-Schablonen wird der komplette Hintergrund mit Satinierfarbe gestaltet, die durch die Schablonen abgedeckten Flächen bleiben transparent. So muss man zügig oft recht große Flächen bearbeiten um die Schablonen noch vor dem Antrocknen der Satinierfarbe mithilfe der Prickelnadel entfernen zu können.

Das Aufkleben von Negativ-Schablonen ist nicht ganz einfach, da die Windowcolor-Elemente größer und weniger stabil sind und dadurch die Gefahr des Zusammenklebens gelöster Teile besteht. Bei Negativ-Schablonen wird im Allgemeinen nur das ausgesparte Motiv mit der Satinierfarbe bearbeitet.

## Schablonen aus Klebefolie

Befestigen Sie die kopierte oder abgepauste Vorlage mit wenigen Klebefilmstreifen auf dem Schutzpapier der Klebefolie. Die Motive erscheinen später seitenverkehrt. Schneiden Sie das Motiv aus Vorlage und Folie mit einem Schneidemesser auf geeigneter Schneideunterlage aus. Sie erhalten eine Negativ- und eine Positiv-Schablone. Letztere besteht beim gezeigten Beispiel (Foto 2) aus fünf kleinen Folienteilen! Entfernen Sie die Vorlage und ziehen Sie das Schutzpapier von der benötigten Schablone ab. Die gelösten Teile dürfen nicht aneinander festkleben! Beim Anbringen auf dem Gegenstand können Falten entstehen. Achten Sie darauf, dass die Motivkanten faltenfrei festkleben, denn sonst kann Satinierfarbe ungeplante Flecken hinterlassen. Lassen Sie die Folie an einer Ecke, die nicht bearbeitet wird, abstehen, sodass Sie nach dem Satinieren schnell und vollständig das ganze Folienstück abziehen können.

FOTO 1

FOTO 2

## Wichtig

*Trocknen und härten Sie alle Satinierfarbschichten nach Herstellerangaben vor dem Anbringen weiterer Verzierungen aus anderen Materialien, denn nicht alles ist hitzebeständig.*

*Das Aushärten im Backofen ist nicht immer notwendig. Sonne und Wärme fixieren die Farbe so, dass diese auch nach längerem Wasserbad nicht mehr zu entfernen ist.*

Herzlich
Willkommen!
Seite 5

Vorlagen bitte auf 140 % vergrößern

Appetitliche Küche

Seite 42/43

Herzlich Willkommen!

Seite 5

Vorlagen bitte auf 140 % vergrößern

Welcome-Schild zum Empfang

Seite 8

Fröhliche Sonnenräder

Seite 29

Witziges Türschild

Seite 11

## Kleines Blumenbord

Seite 9

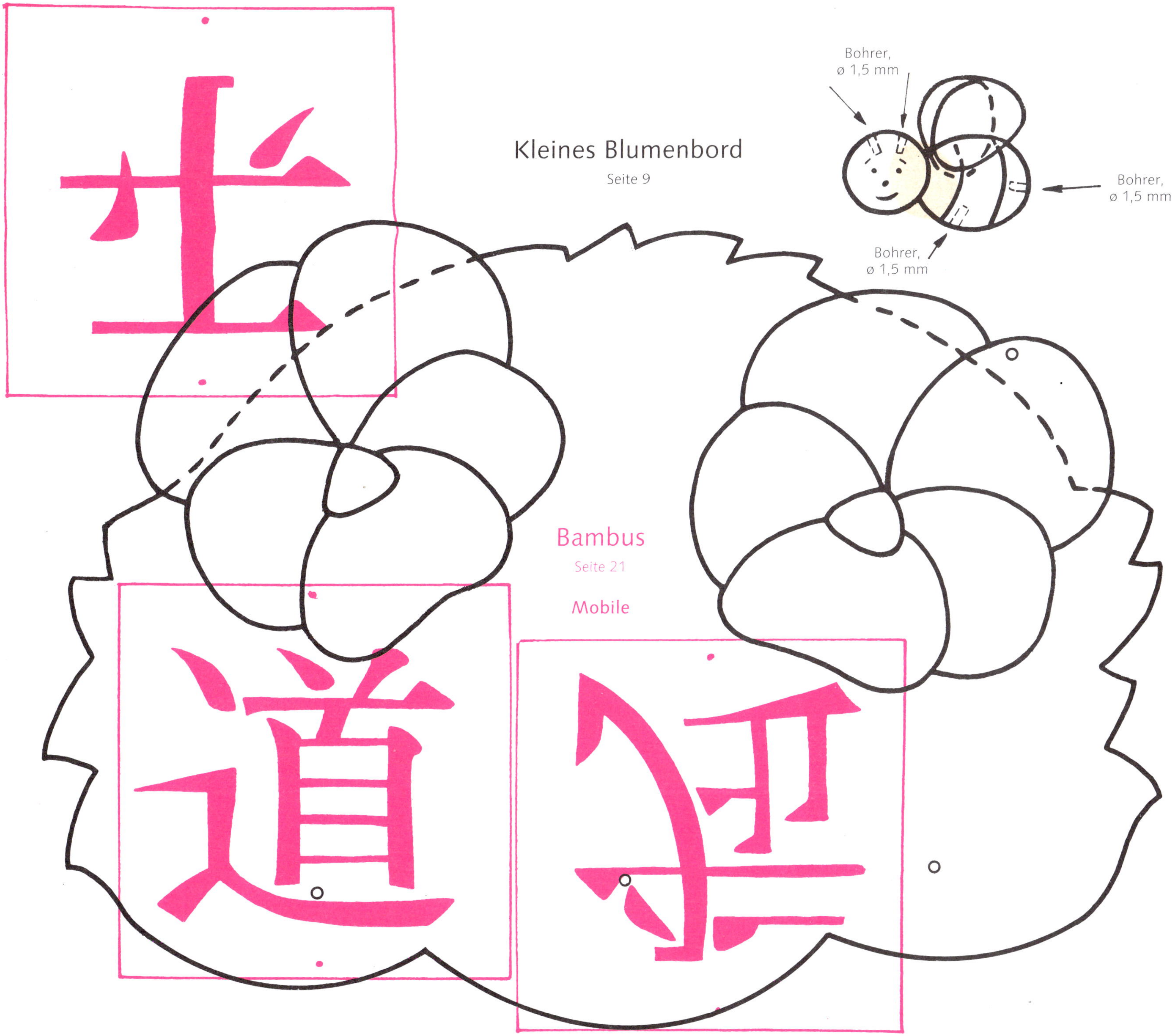


## Bambus

Seite 21

Mobile

## Die Zeitungsfrau

Seite 10

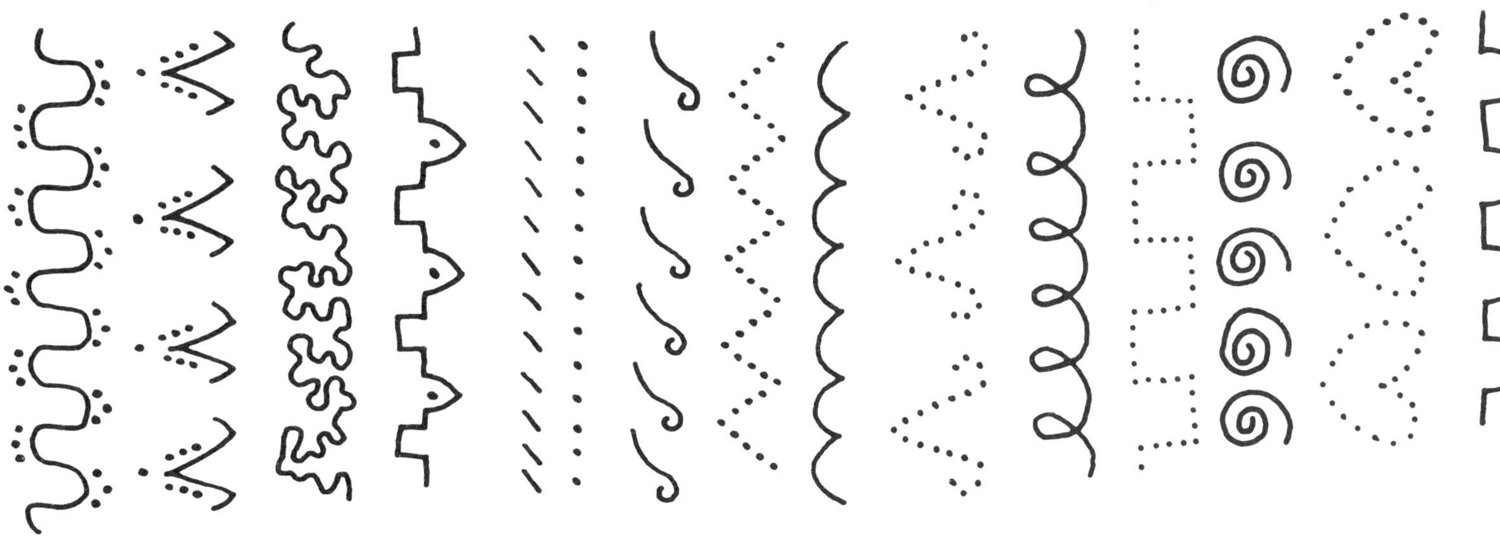

Orientalische Vasen

Seite 17

Eine frische Brise

Seite 61

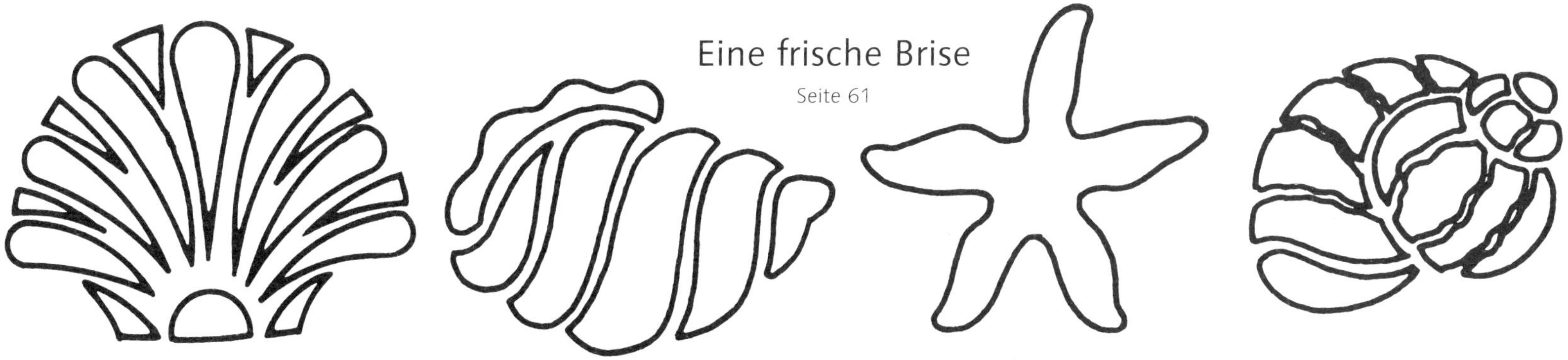

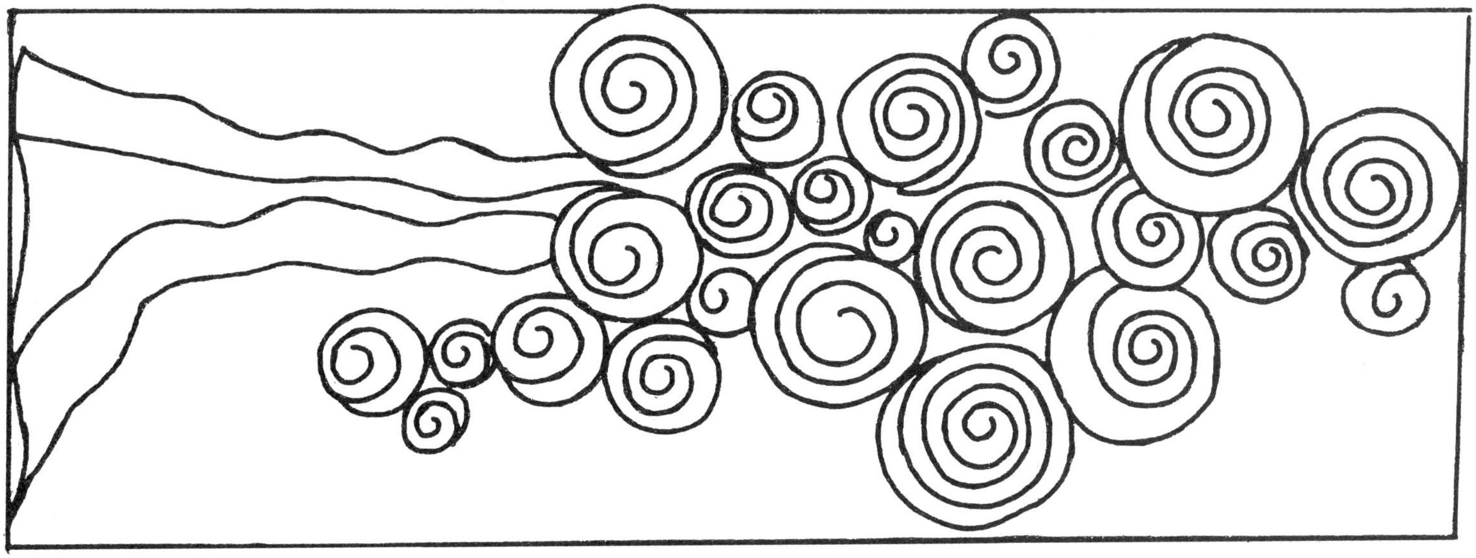

Abstraktes

Seite 15

Windlicht

# Abstraktes

Seite 15

**Bilderrahmen**

Vorlagen bitte auf 143 % vergrößern

# Windlichter

Seite 18/19

Bambus

Seite 21

Fensterbild

Mittelmeer-Küche

Seite 47

Dekorationen für Gläser

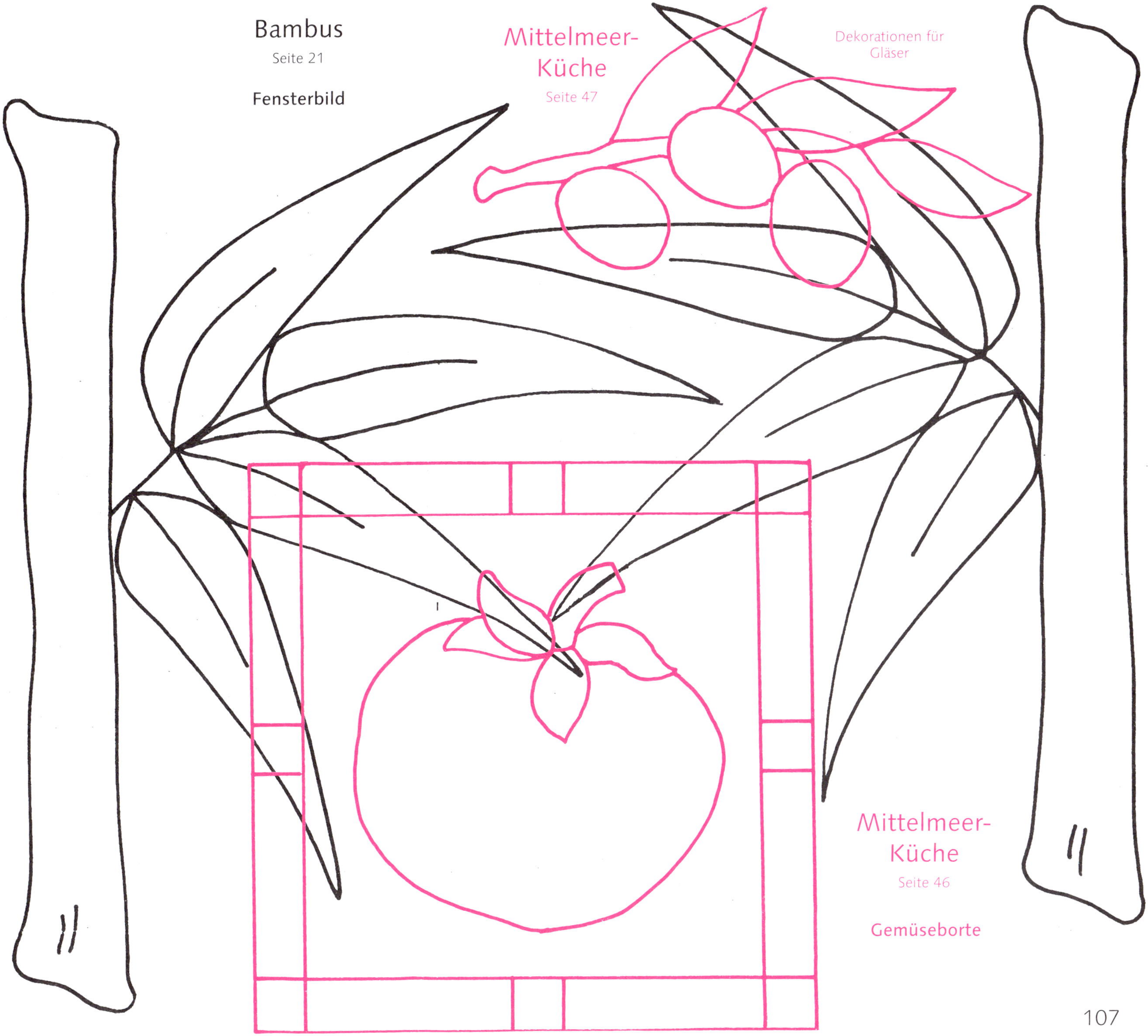

Mittelmeer-Küche

Seite 46

Gemüseborte

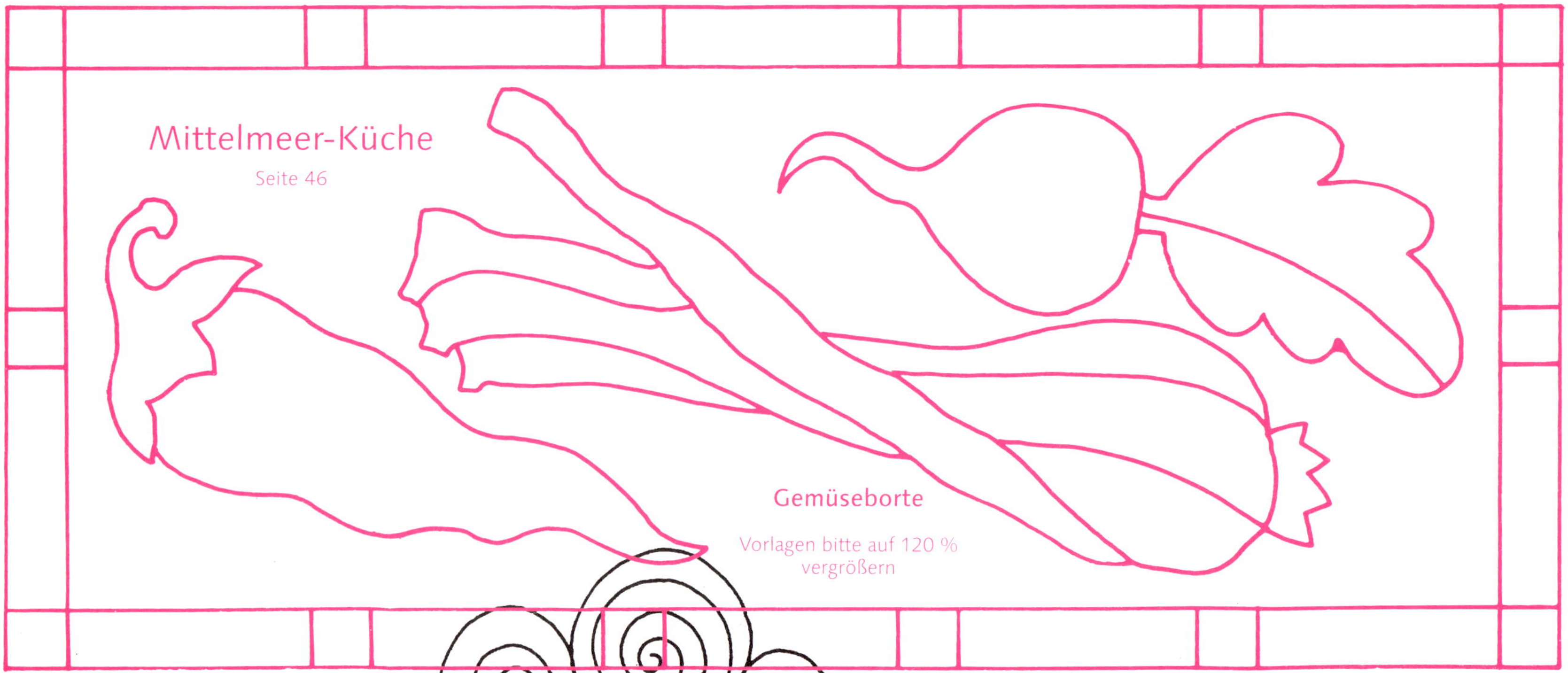

## Mittelmeer-Küche

Seite 46

**Gemüseborte**

Vorlagen bitte auf 120 % vergrößern

## Borte

Seite 16

Vorlagen bitte auf 120 % vergrößern

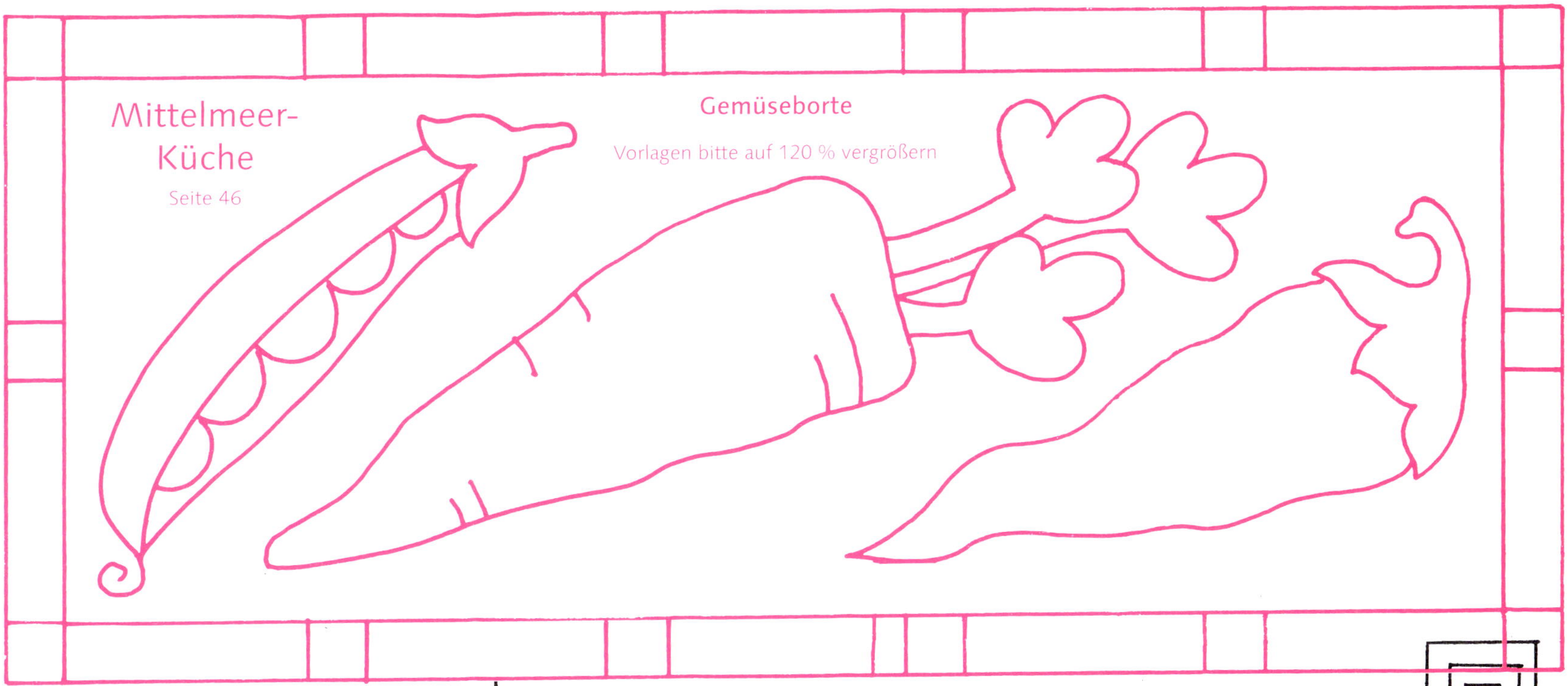
Mittelmeer-
Küche
Seite 46
Gemüseborte
Vorlagen bitte auf 120 % vergrößern

Borte
Seite 16
Vorlagen bitte auf 120 % vergrößern
Hier bitte ansetzen
Spiegel
Spiegel

Sternchen-Spiegel

Seite 85

**Untertasse + Tasse**

(Knoten beidseitig)

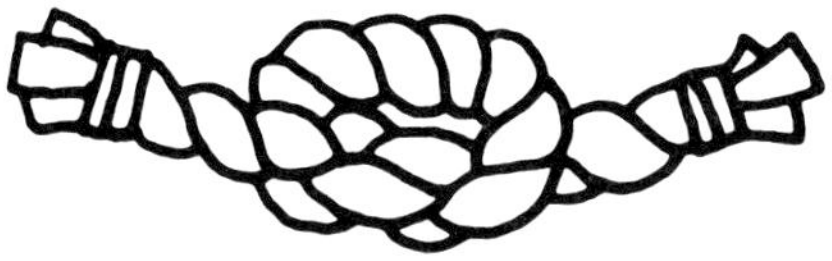

Captain's Dinner

Seite 31

**Stickmotive**

Captain's Dinner

Seite 31

**Essteller**

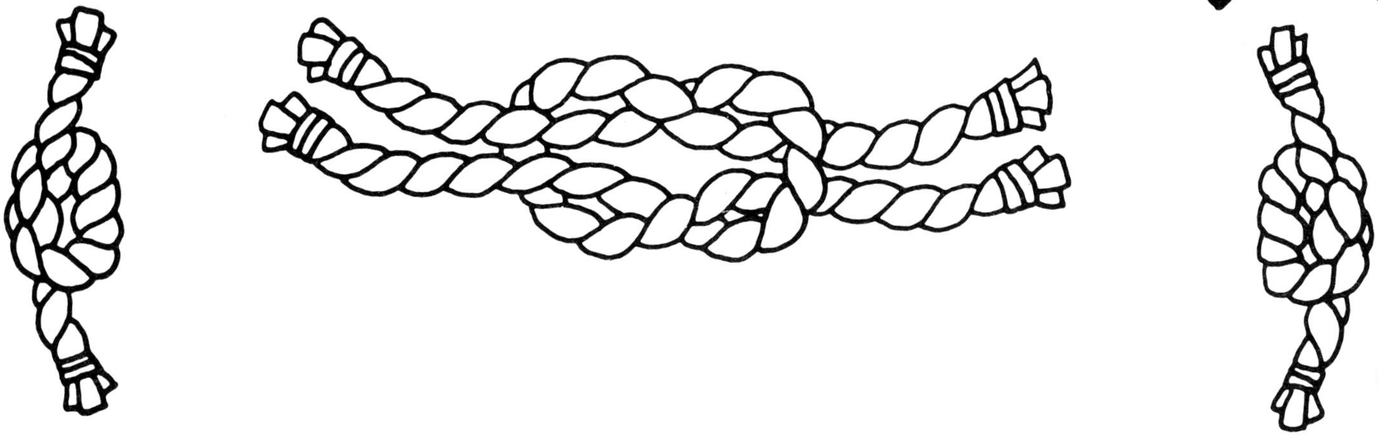

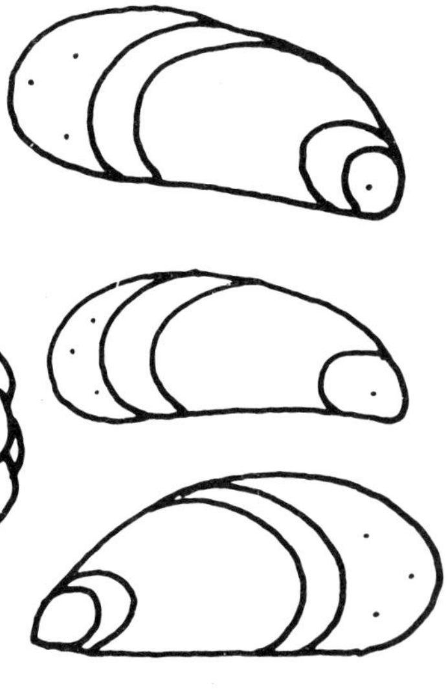

## Captain's Dinner

Seite 31

**Stickmotive**

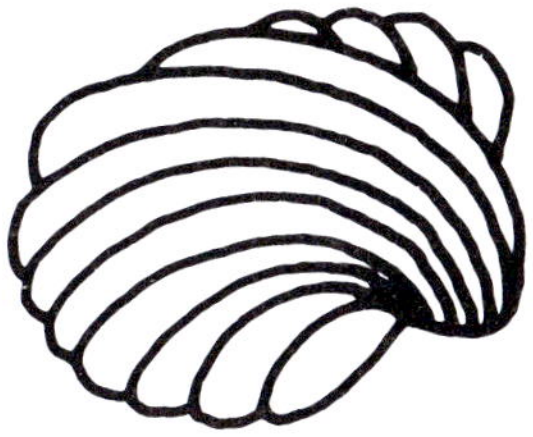

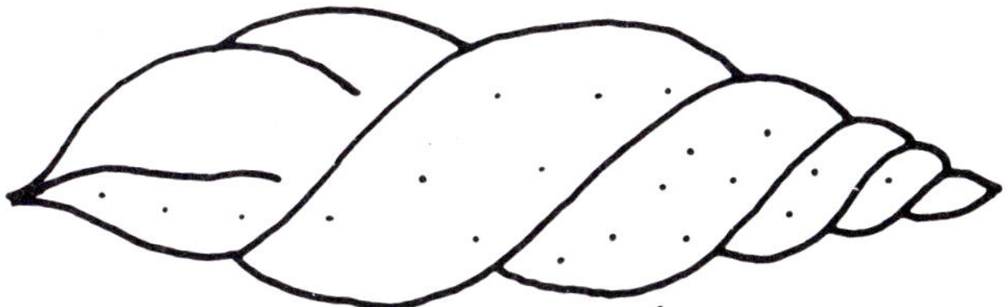

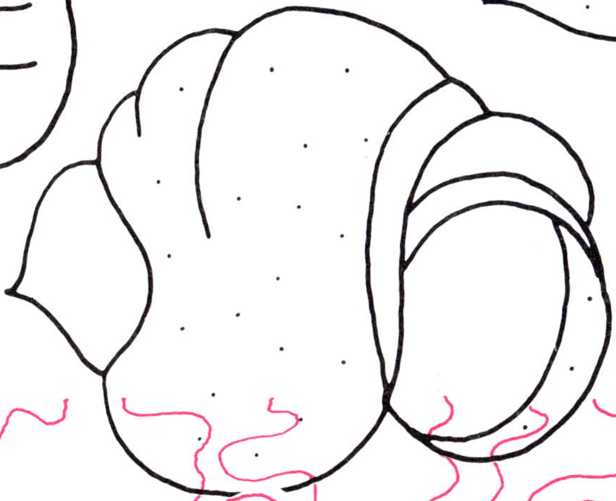

## Im Stil von Matisse

Seite 38

**Fenster-schmuck**

Vorlagen bitte auf 165 % vergrößern

Im Stil von Matisse

Seite 39

**Spiegel**

Vorlagen bitte auf 140 % vergrößern

Meeresbewohner

Seite 56

Vorlagen (nur Draht) bitte auf 125 % vergrößern

## Guck mal, wer da fliegt!

Seite 79

## Im Stil von Matisse

Seite 39

## Sauer macht Lustig!

Seite 45

**Gardine und Wandbordüre**

Vorlagen bitte auf 125 % vergrößern

**Zitronenstecker**

## An der Nordseeküste

Seite 60

**Borte und Klangspiel**

Vorlagen bitte auf 180 % vergrößern

## Sauer macht Lustig!

Seite 45

### Zitronen am Fenster

Vorlagen bitte auf 125 % vergrößern

### Borte und Klangspiel

Vorlagen bitte auf 180 % vergrößern

Maritime Badezimmergestaltung

Seite 55

Lichterkette Sternennebel

Seite 69

**Fensterecke**

Vorlagen bitte auf 118 % vergrößern

Küchenhelfter

Seite 51

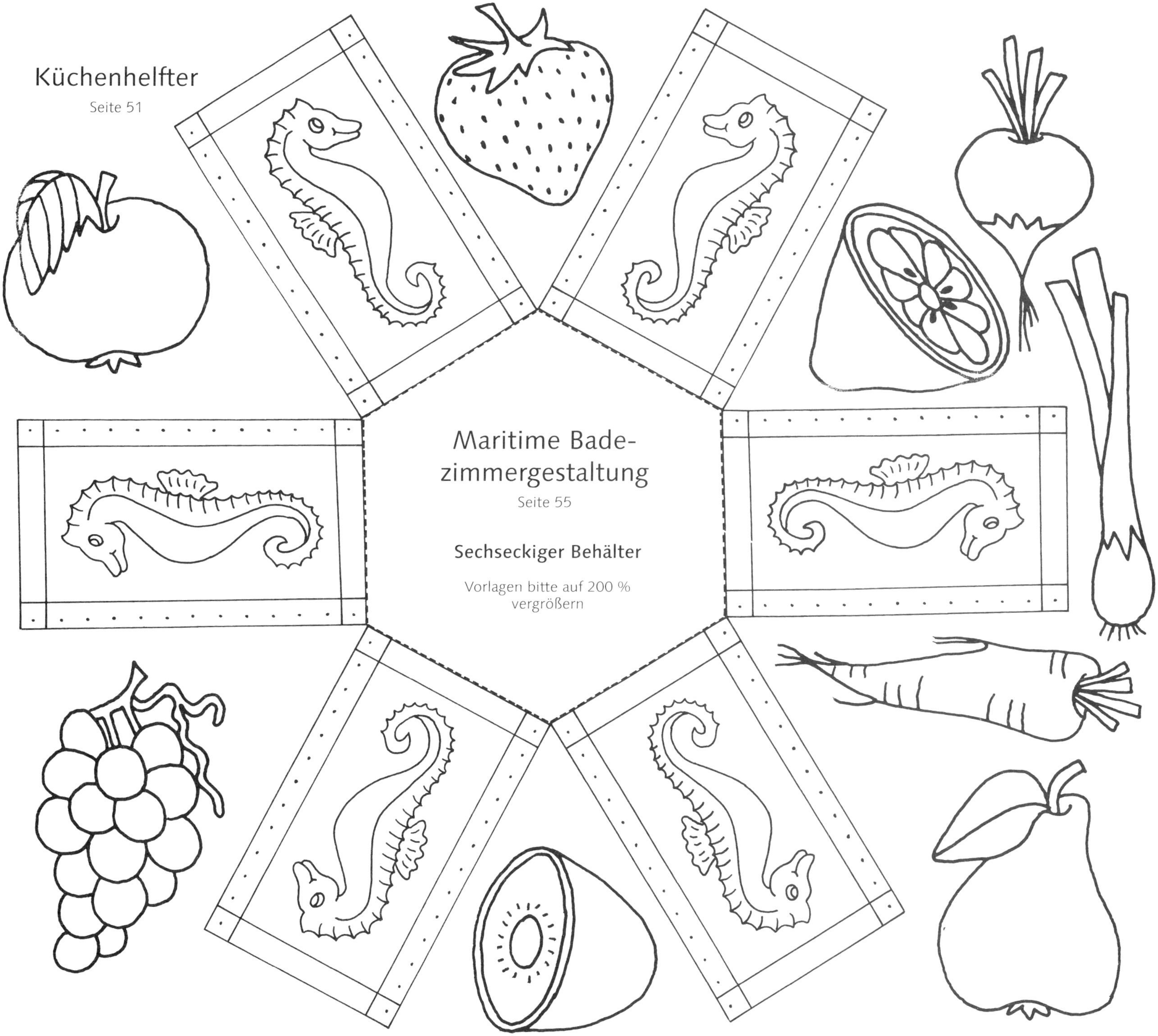

Maritime Badezimmergestaltung

Seite 55

**Sechseckiger Behälter**

Vorlagen bitte auf 200 % vergrößern

Maritime Badezimmergestaltung

Seite 55

**Behälter für Kosmetiktücher**

Vorlagen bitte auf 185 % vergrößern

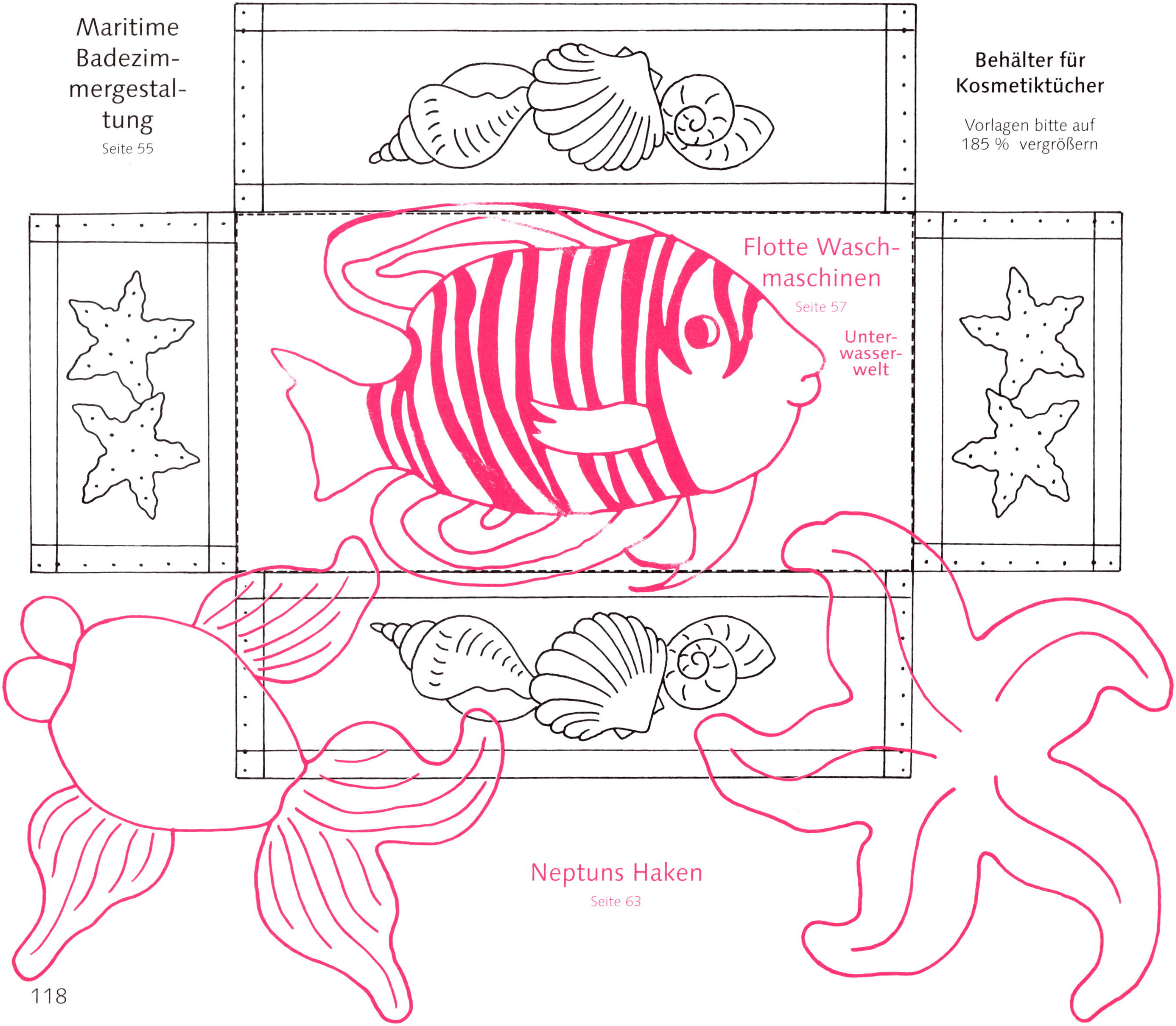

Flotte Waschmaschinen

Seite 57

Unterwasserwelt

Neptuns Haken

Seite 63

Flotte Waschmaschinen
Seite 57

Unterwasserwelt

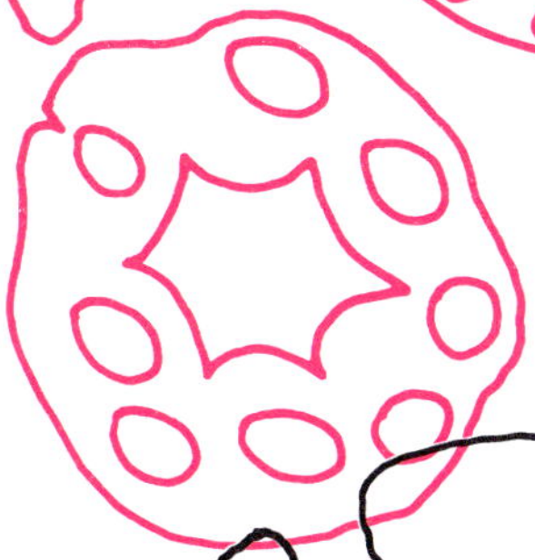

Flotte Wasch-
maschinen
Seite 57

Welle

Maritime Badezimmergestaltung
Seite 55

## Flotte Waschmaschinen

Seite 57

**Unterwasserwelt**

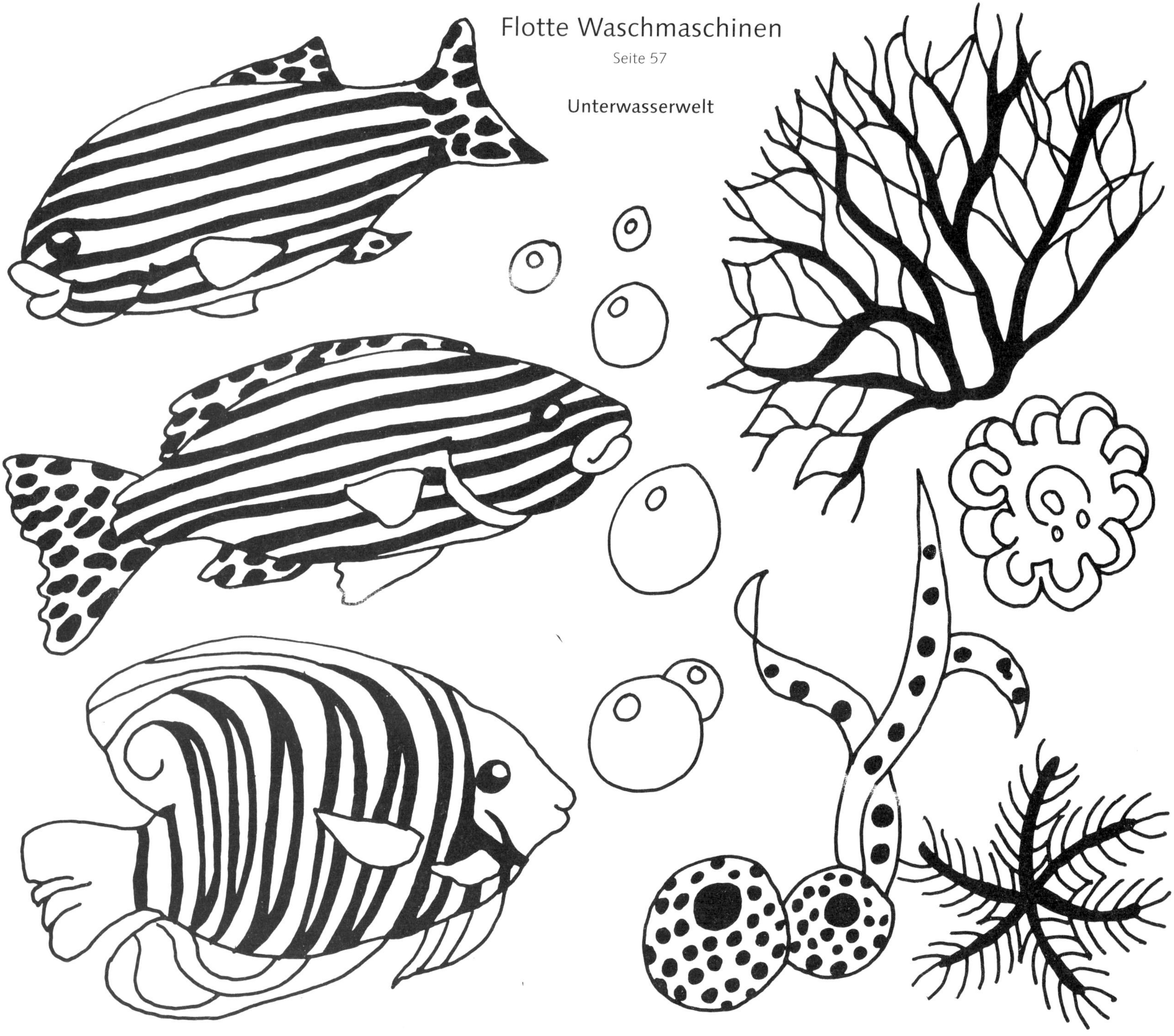

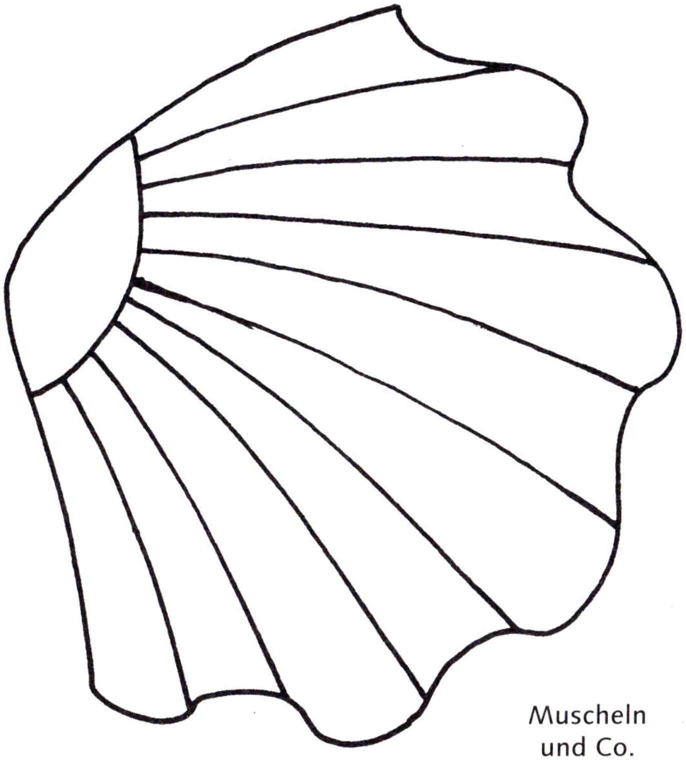

Maritime Stimmung

Seite 58/59

Muscheln und Co.

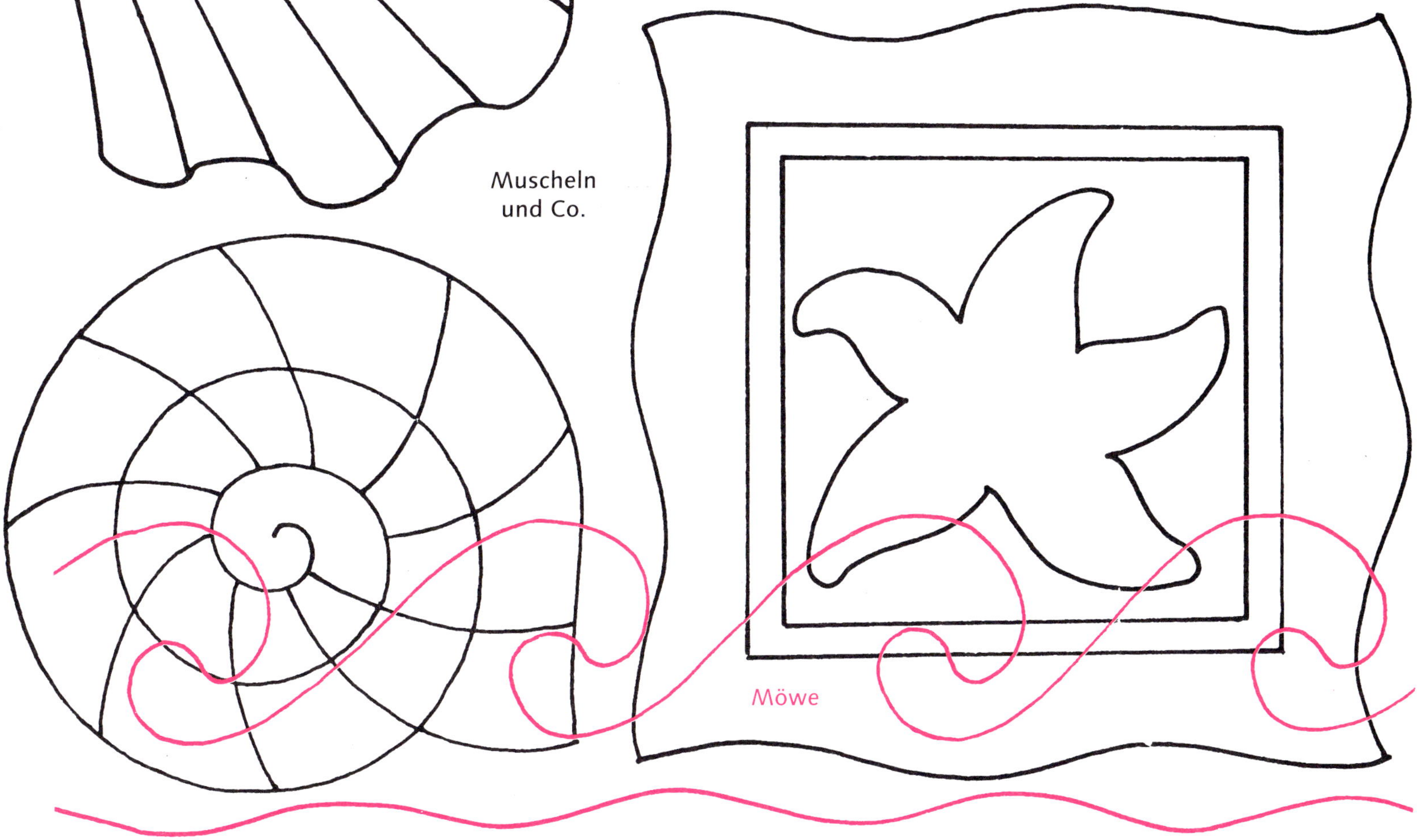

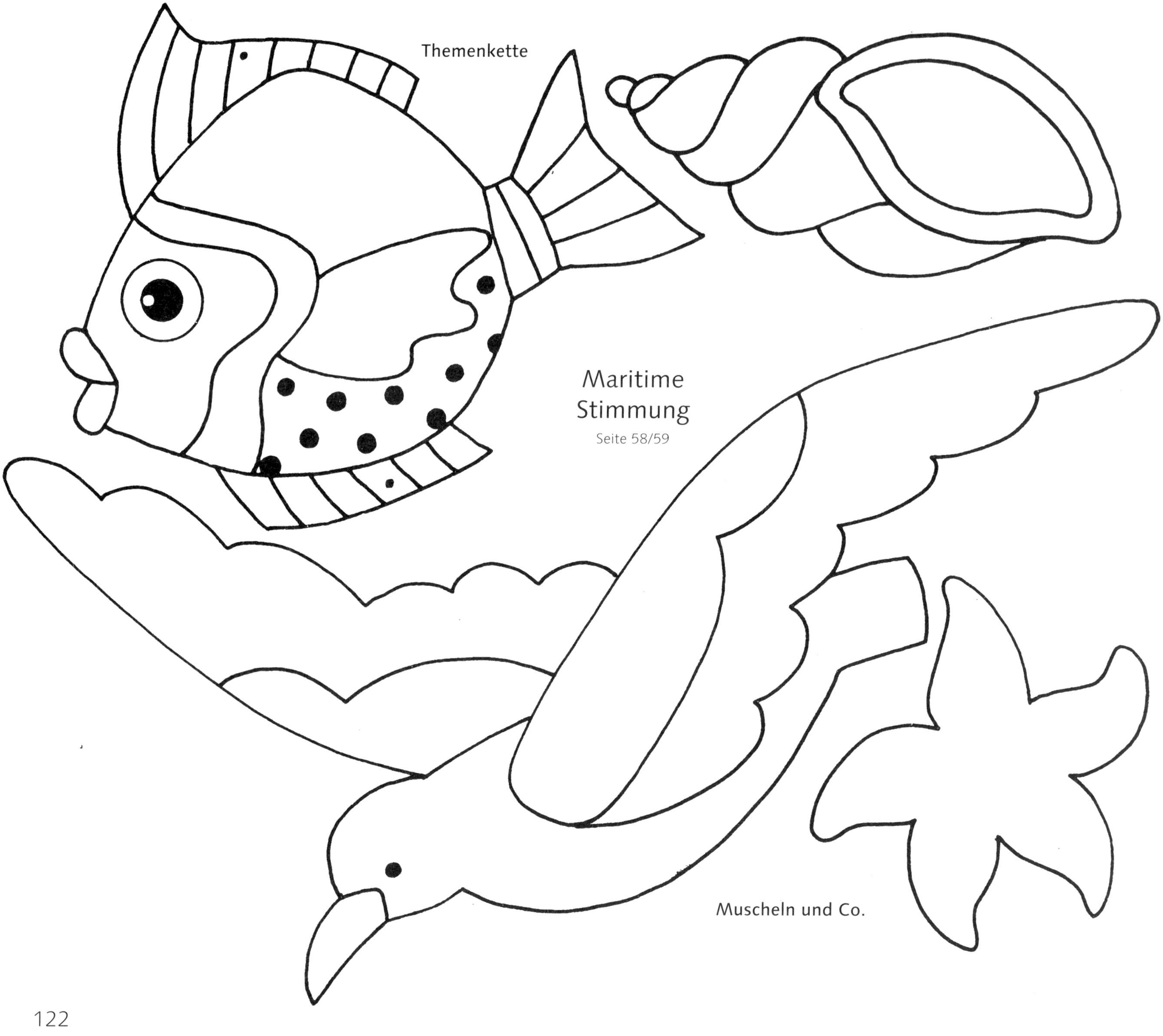

Themenkette
Maritime
Stimmung
Seite 58/59
Muscheln und Co.

## Maritime Stimmung

Seite 58/59

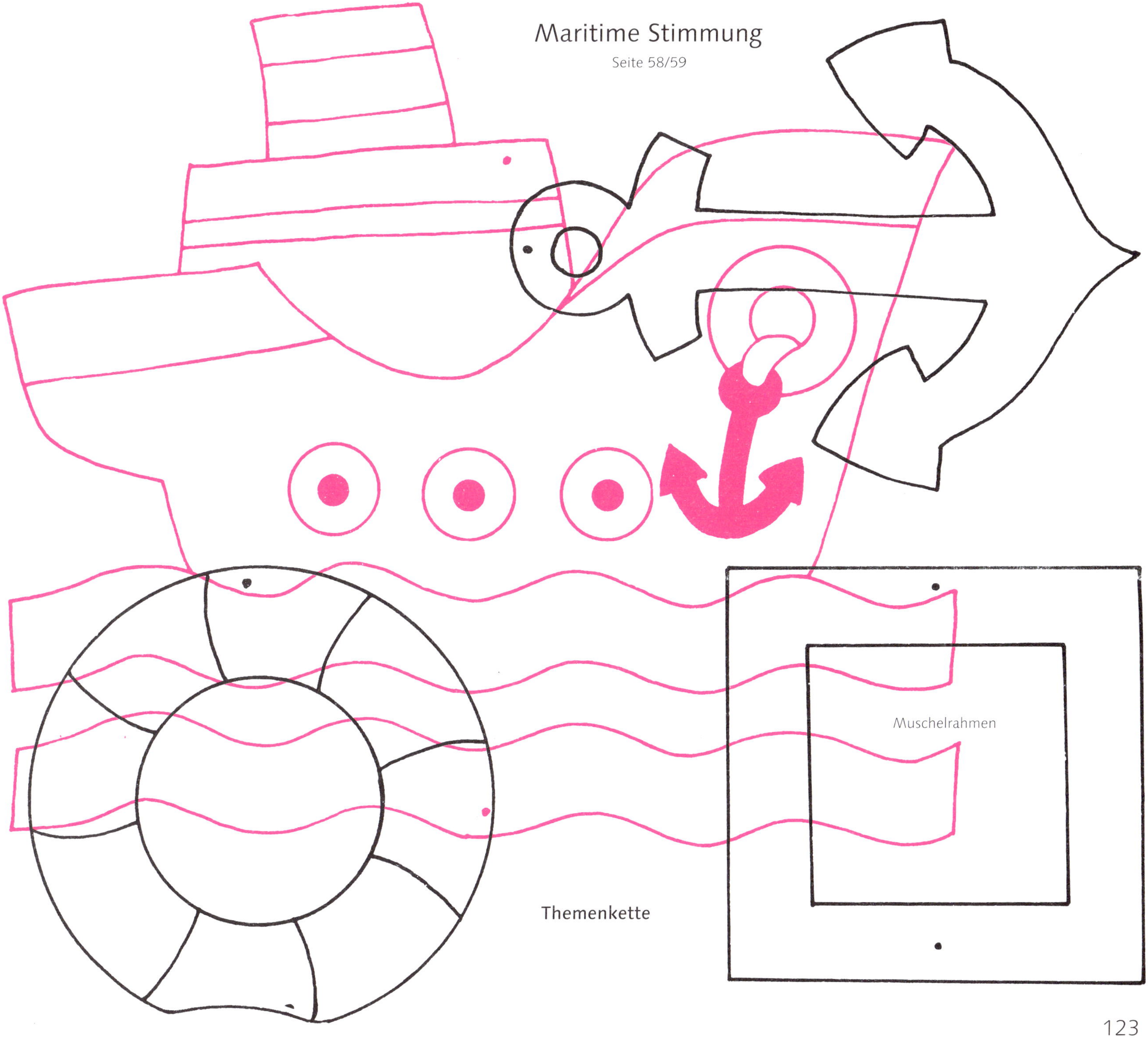

# Accessoires in Blau und Grün

## Accessoires in Blau und Grün

Seite 71

### Kästchen

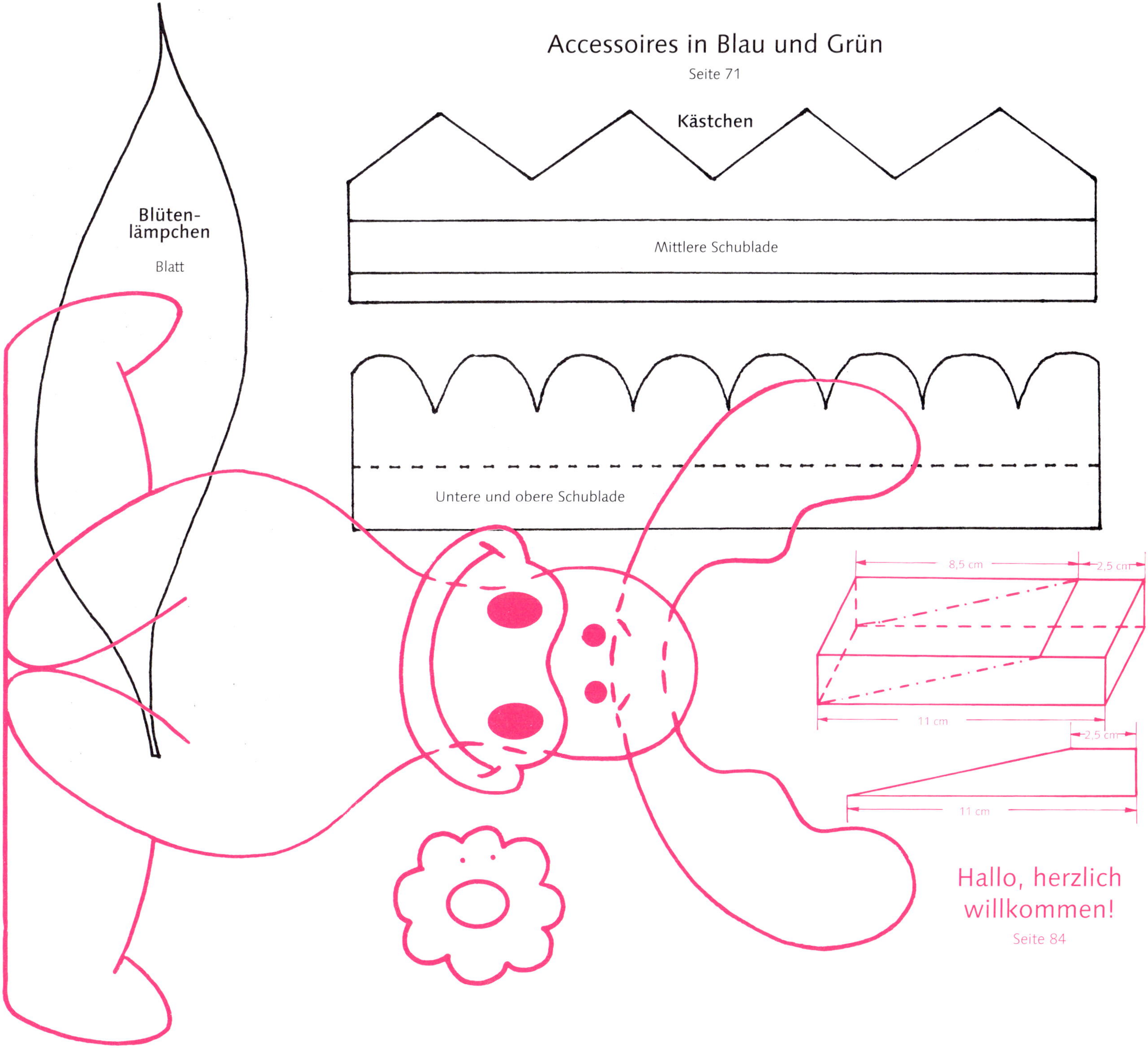


## Hallo, herzlich willkommen!

Seite 84

## Prinz und Prinzessin

Seite 76/77 und 78

**Majestät spielt am laufenden Meter ...**

Vorlagen bitte auf 125 % vergrößern

## Prinz und Prinzessin

Seite 76/77

**Spieglein, Spieglein an der Wand**

## Einfach tierisch gut drauf!

Seite 86

Türschild „Hier wohne ich“
Seite 80

Vorlagen bitte auf 125 % vergrößern

Türschild „Hier wohne ich“

Seite 80

Vorlagen bitte auf 125 % vergrößern

# Starke Typen

Seite 83

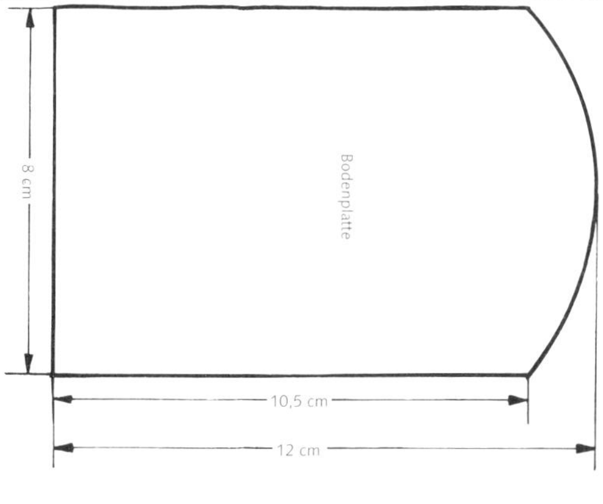


Vorlagen (nur Bodenplatte und Rückenteilteil) bitte auf 203 % vergrößern

## Gundi Giraffe

Seite 87

Vorlagen bitte auf 140 % vergrößern

## Schutzengel für Lena

Seite 81

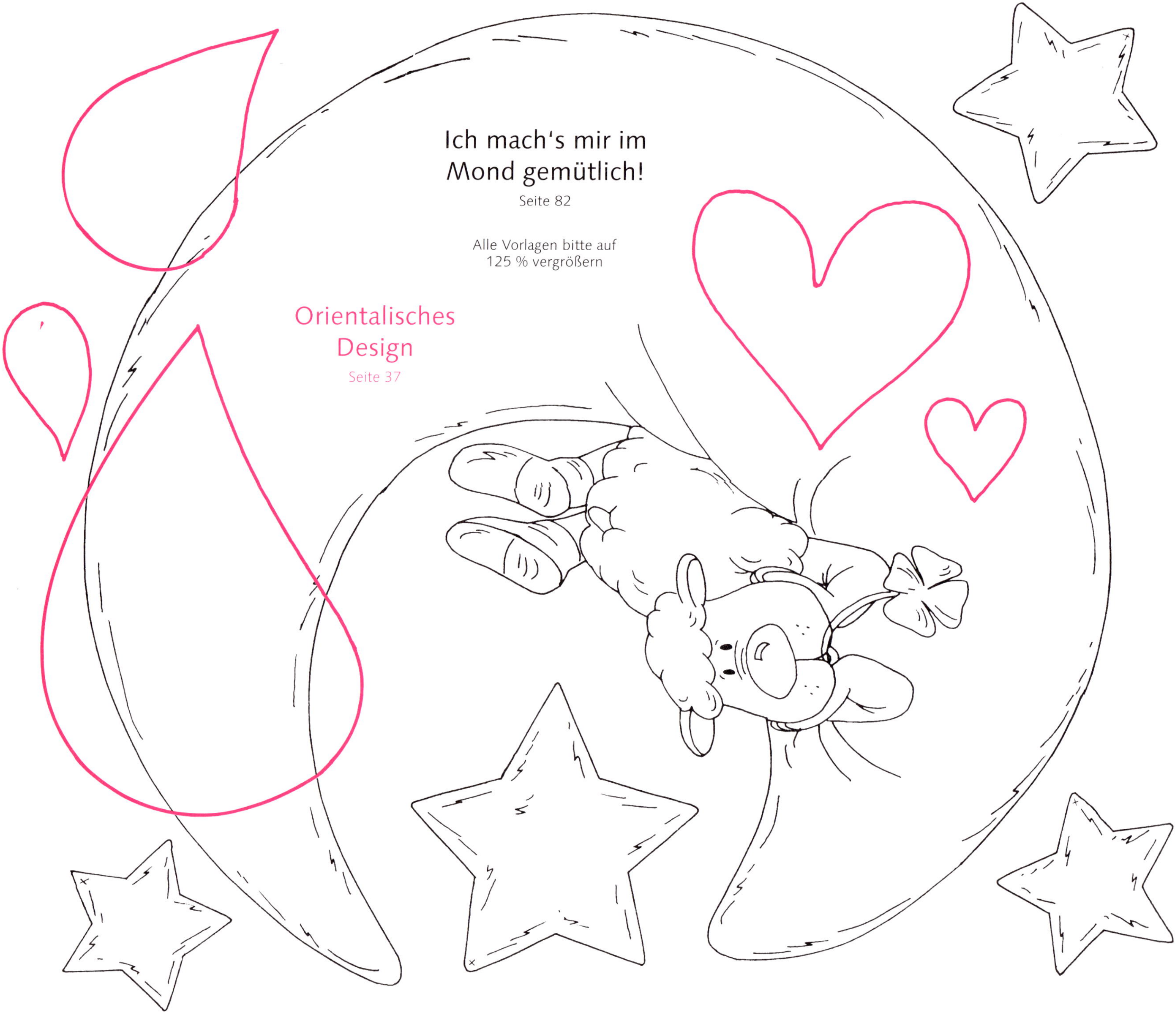
Ich mach‘s mir im
Mond gemütlich!
Seite 82
Alle Vorlagen bitte auf
125 % vergrößern
Orientalisches
Design
Seite 37